Hannelore Klabes

# Bei den vergessenen Kindern Burundis

HANNELORE KLABES

# Bei den vergessenen Kindern Burundis

## Mein zweites Leben in Afrika

**Die Bibliografische Information der Deutschen Bibliothek**
Die Deutsche Bibliothek verzeichnet diese Publikation in der Deutschen Nationalbibliografie; detaillierte bibliografische Daten sind im Internet über http://dnb.ddb.de abrufbar.

Fotos:
Hannelore Klabes
Einbandgestaltung und Grafikarbeiten:
Graphik Studio G, Mareile Gropengießer
www.graphik-studio-g.de
Redaktionelle Bearbeitung:
Verlagsbüro Andrea Stangl, Paderborn
www.verlagsbuero-stangl.de
Herstellung und Verlag:
Books on Demand GmbH, Norderstedt


ISBN 978-3-8370-8531-0

# Inhalt

# Einführung

Das Samenkorn der Grenzüberschreitung in meinem Ruhestandsalter wurde unbewusst schon in meiner Kindheit gesät. Am Tag meiner Ersten Heiligen Kommunion in der Franziskuskirche in Bochum-Weitmar wurde dieses Körnchen in fruchtbaren Boden gelegt.

Es war die Zeit vor dem Zweiten Weltkrieg. Im Religionsunterricht bekamen wir jeden Monat das kleine Missionsheft mit bebilderten Artikeln über die Arbeit der deutschen Missionarinnen und Missionare in Afrika. Meine Bewunderung und Aufmerksamkeit galt immer den weißen Schulschwestern mit den kleinen schwarzen Kindern in Schulen und Krankenstationen. Natürlich besaß ich eine »Negerpuppe« zum Spielen. Als am Kommunionsfesttag unser Pfarrer zum Teilen der Geldgeschenke für ein afrikanisches Patenkind aufrief, das auch Lesen und Schreiben lernen sollte, war ich dabei. Mit der Genehmigung der Eltern durften wir uns aus der Namensliste beim Pfarrer ein Patenkind aussuchen: für 10 DM und einen Monatsbeitrag von 3 DM als Schulgeld für das Patenkind. 20 DM Bargeld waren an diesem Festtag meine Geschenke von Tanten und Onkels, und das war damals sehr viel Geld. Für 10 DM durfte ich mir meinen Wunsch erfüllen, eine Muttergottesfigur mit dem Jesuskind auf dem Arm zu kaufen, die auf einem Eckbrett in unserem Wohnschlafzimmer ihren festen Platz fand.

Meine Eltern stimmten meinem Wunsch nach einem Patenkind zu. Von der Namensliste suchte ich mir Matteo Barukinamwo aus. Jedes Jahr um die Weihnachts- und die Osterzeit las unser Pfarrer die Briefe von den Patenkindern aus Afrika vor. Sie kamen immer übers Kindermissionswerk der Weißen Väter und waren ins Deutsche übersetzt. Nun, das war eigentlich alles, was mit so einer Patenschaft verbunden war.

Es folgten die Kriegsjahre, und das Samenkorn ruhte im Winterschlaf. Als Deutschland sich langsam wieder erholte, meldete sich auch das Missionswerk wieder bei meinen Eltern.

Auch mein Wunsch, Handarbeitslehrerin zu werden, ging in Erfüllung. Nach meiner Ausbildung arbeitete ich zunächst als Näh- und Hauswirtschaftslehrkraft der Stadt Bochum für das Schweizer Hilfswerk. Es folgten Heirat, Kinder, Familienleben, alles im Rahmen des Üblichen, mit allen Höhen und Tiefen. Unser neues Zuhause hatten wir in Kassel gefunden.

1973 bekam meine Mutter Post aus Rom, adressiert an Hannelore Arendes (mein Mädchenname) – der Absender war Matteo Barukinamwo. Darin dankte er uns für unsere Unterstützung und schilderte, wie er die Suche nach seiner Schulgeldpatenschaft angestellt hatte. Matteo war Pfarrer geworden, hatte als Gemeinde-, Militär- und Schulpfarrer in seiner Heimat Burundi gearbeitet und war von seinem Bischof schließlich nach Rom ins Goethe-Institut geschickt worden, um Deutsch zu lernen. Danach war er zum Studieren nach Münster gekommen, weil er in Bujumbura im Priesterseminar eingesetzt werden sollte. In Münster schrieb er auch seine Dissertation über Edith Stein.

Wir freuten uns sehr, von Matteo zu hören. Semesterferien und Feiertage verbrachte er nun natürlich in unserer Familie. Seinen Gottesdienst feierte er zu der Zeit mit Pfarrer Rossbach in St. Marien und machte auch Ferienvertretungen. Er sprach ein einwandfreies Deutsch, fühlte sich in unserer Familie wie ein leibliches Kind und sprach mich mit »Mama« an. Aber dass ich dieses Kind jemals in seiner Heimat besuchen würde, hätte ich nie gedacht.

1980 kam ein weiterer Brief von Matteo aus Burundi: *Mama Hannelore, Du musst mich unbedingt besuchen kommen. Mein Bischof hat mir die große verwaiste Gemeinde Rugari von den »Weißen Vätern« im Osten des Landes anvertraut.«*

In meiner wieder aufgenommenen Tätigkeit als Nähkursleiterin an der Gesamt-Volkshochschule hatte auch ich zwei Monate Ferien. Die Kinder waren selbstständig, so gab es auch in dieser Hinsicht keine Bedenken – ich flog zu meinem Patenkind nach Burundi.

In Matteos großer Gemeinde hatte ich sofort engsten Kontakt mit den Einheimischen, weil Matteo meinen Besuch schon angekündigt hatte. Wo ich ging und stand, war ich von Erwachsenen und Kindern umringt, die ständig versuchten, mich zu berühren – und das bei meiner Scheu vor Dreck. Aber aus den zerlumpten Hüllen, die die dicken, aufgeblähten Bäuche nicht zu verbergen vermochten, lachten mich so strahlende Augen an, dass ich gar nicht anders konnte, als über die niedlichen Krausköpfe zu streichen.

Matteo sagte nur: »Na, so hast du alle Herzen der Einheimischen schnell auf deiner Seite. Aber wasch dir immer die Hände, wenn du zu Hause bist.«

Ein Schweizer Pater sagte mir: »Wenn dich die Einheimischen angenommen haben, dann kannst du dich hier im Land unter ihnen so sicher fühlen wie in Abrahams Schoß.«

Diese Bemerkung bei meinem ersten Besuch hat sich in all den Jahren, die ich in diesem Land verbringen sollte, stets bewahrheitet, selbst während des Bürgerkriegs.

Dieser erste Besuch war es, bei dem ich dem alten Pater, der mich um Hilfe für seine Behinderten-Werkstatt bat, mein Versprechen gab: Ja, ich würde ihm helfen, ein Jahr lang, sobald meine Altersversorgung gesichert sei.

Aber zunächst hatte ich noch sechs Jahre Berufsleben vor mir, bevor es in den Ruhestand ging, aus dem dann ein Unruhestand werden sollte.

Doch nun war das Samenkorn aus seinem Winterschlaf erwacht. Der Kontakt, nicht bloß mit Matteo, auch mit Burundi im Allgemeinen, wurde intensiver, und ich fing an, Hilfsgüter wie gebrauchte Nähmaschinen und dergleichen zu organisieren. 1986 konnte ich endlich mein Versprechen einlösen, dem alten Pater Zachäus Knoll, welcher aus Hechingen stammte, ein Jahr im Behinderten-Zentrum zu helfen. Pater Zachäus war seit dreißig Jahren Missionar der Weißen Väter in Burundi.

Mit drei Containern, die drei Monate vor meiner Abreise von Hamburg nach Dar es Salaam verschifft wurden, bevor sie 2000 Kilometer auf LKWs durch Tansania nach Burundi verfrachtet wurden, hatte ich einen guten Start für die Mission von Pater Zachäus, der jetzt mein Ansprechpartner war. Und das war ein Glück. Das Land wurde von dem Präsidenten Bagassa regiert, der ein Freund des libyschen Präsidenten Gadaffi war. Die Christenverfolgung galt als Erstes den Missionaren, was bedeutete, dass ich mich einer strengen Einreisekontrolle unterziehen musste. Zachäus hatte jedoch gute Verbindungen zu den Ministerien. Mit meinem Führungszeugnis aus Berlin, meinem Rentenbescheid und einer schriftlichen Erklärung, dass ich keine Ordensfrau war und keinerlei finanzielle Ansprüche an das Land stellen, sondern eine ehrenamtliche Arbeit verrichten würde, war alles geregelt. Die Koffer waren gepackt, die Schlüssel für die verplombten Container gut verstaut, das Flugticket lag bereit.

Da meldete sich per Telefon eine Stimme, die nur sagte: »Frau Klabes, Pater Zachäus ist soeben in seinem Auto einem Herzinfarkt erlegen.«

Diese Nachricht traf mich wie ein Keulenschlag, ich war einer Ohnmacht nahe. Wie sollte ich diesen Schritt ins Ungewisse tun, ohne Führung des erfahrenen Paters, so ganz ohne Sprachkenntnisse? Pater Zachäus hatte mich immer bei diesem meinem Einwand getröstet und gesagt: »Die brauchst du nicht, mit Zeigen und praktischem Vorarbeiten geht es immer, für alles andere bin ich ja da, auch zum Übersetzen.« Französisch-Wörterbücher hatte ich in meinem Gepäck.

Trotzdem. Matteo konnte mir im Landesinneren keine Hilfe sein, denn er war Professor am Priesterseminar in Bujumbura und unabkömmlich.

Nach dem ersten Schock kam eine Nachricht von der deutschen Botschaft aus Burundi: Ich solle auf jeden Fall reisen, der Landtagspräsident von Baden-Württemberg, Erich Schneider, aus der Heimat des Zachäus Knoll, habe für mich eine Dolmetscherin bestellt. »Sie werden vom Flughafen abgeholt. Alles Weitere besprechen wir, wenn Sie da sind.«

So begann meine erste große Reise ins Ungewisse. Natürlich war auch Matteo am Flughafen, und es fiel mir ein Stein vom Herzen, als ich beim Verlassen des Fliegers unter den vielen winkenden Menschen sein vertrautes Gesicht entdeckte. Es gab ja nur ein kleines Flughafengebäude, wo man jeden Gast und jeden Wartenden sofort erkannte.

Zu den Nachruf-Feierlichkeiten für den verstorbenen Pater Zachäus war ich in Bujumbura und lernte sofort viele Deutsch sprechende Freunde des Paters kennen, die alle genauestens über meine Person Bescheid wussten, was mich in Staunen versetzte. Bis ich erfuhr, dass Zachäus seine Freude über mein Kommen und meine Hilfe für seine Behindertenwerkstatt überall kundgetan hatte. Der Econom der Weißen Väter von Burundi bat mich, das caritative Werk des Zachäus bis auf Weiteres zu übernehmen. Er übergab mir die Schlüssel zu seinen Magazinen in Gitega und von seinem alten VW-Bus sowie die Listen mit den Namen der Gemeinden, die unter seiner Betreuung standen. Zeit zum Nachdenken hatte ich nicht. Die Container aus Deutschland für Zachäus waren angekommen und wegen seines Todes vom Ministerium in Bujumbura sofort beschlagnahmt worden. Ich erfuhr, dass alle auf mich warteten, denn zum Öffnen brauchten sie die Schlüssel, und ich hatte Anweisung vom Econom, einem belgischen Pater, die Schlüssel nicht aus den Händen zu geben.

Mit Hilfe meiner Dolmetscherin mussten wir beim Ministerium und beim Zoll die Container freikaufen. Doch die afrikanischen Behörden waren mir gegenüber sehr freundlich und hilfsbereit. Sicher, es waren viele Wege, die mir der Sache wegen nicht erspart blieben, was aber zugleich ein guter Lernprozess in dieser neuen Welt für mich war. Ich wurde zusehends sicherer im Umgang mit den Behörden und den Menschen draußen in den Gemeinden.

Doch meine Arbeit gestaltete sich erst einmal ganz anders, als ich sie mir vorgestellt hatte. Mit dem alten Bus vom Zachäus fuhr ich durchs Land, verteilte Hilfsgüter aus Deutschland unter den wirklich Ärmsten der Armen, kam in Gegenden mit verlassenen Krankenstationen, die kein Wasser hatten, nur dreckige Pfützen. Eine Quelle war oft erst in zehn Kilometer Entfernung zu finden. Was das alles für die Menschen bedeutete, kann sich jeder vorstellen. Doch die Kinderaugen strahlten mich immer an. Sobald mein VW Bus mit dem Rote-Kreuz-

Zeichen gesichtet wurde, ging es wie eine Buschtrommel von Hütte zu Hütte: »Mama Knoll kommt, Mama Knoll kommt!« Dieser Name war eine Selbstverständlichkeit für alle, selbst für die Damen aus dem Ministerium. Und bei allen Problemen, die es auf diesen unwegsamen Routen zu den Gemeinden gab, ob es ein umgekippter Baum war, der den Fahrweg blockierte, oder ein Plattfuß am Wagen, die kleinen und großen schwarzen Geister waren sofort aus dem Gebüsch zur Stelle, um Mama Knoll zu helfen, so gut es ging, liefen auch kilometerweit, um Hilfe zu holen. Die Dunkelheit um 18 Uhr machte ein Weiterfahren oft unmöglich, und für manche Nacht habe ich auf einem Strohsack in einer Hütte dankbar die Gastfreundschaft angenommen. Mit meinem französischen Wörterbuch konnte ich allerdings nichts anfangen, nur in der Hauptstadt, aber da war ich am wenigsten. Doch wenn man die einheimischen Begrüßungs- und Dankesrituale beherrschte, dann war man voll angenommen. *Gakeje* oder *Gakejenäsa* (»Guten Tag« oder »Einen wunderschönen guten Tag«), *Amahoro* (»Friede mit dir«), *Murakose* oder *Murakosetschane* (»Danke« oder »Dankeschön«): Die wichtigsten Gepflogenheiten lernte ich als Erstes. Nein, Französisch lernen zu wollen war sinnlos. Ich hatte auch gar keine Zeit dazu. Abends war ich zu müde, und Licht zum konzentrierten Lesen hatte ich auch nicht, denn es gab nur eine Kerze oder den Schein des Feuers, auf dem die Abendmahlzeit gegart wurde. Ja, mein Ruhestandsleben hatte sich zu einem Unruhestandsleben gewandelt, aber im zufriedenen Einklang von Körper, Geist und Seele. Die bescheidene Kost brachte sogar meinen von Arthrose befallenen Körper wieder ins Gleichgewicht.

Nach dem ersten freiwilligen Jahr wurden so viele Bitten, doch zu bleiben, an mich herangetragen, dass ich einfach nicht Nein sagen konnte, zumal ich sah, dass meine beruflichen Erfahrungen, die ich in den Kriegs- und Nachkriegsjahren gesammelt hatte, hier im Land sehr hilfreich sein konnten. Auch die deutsche Botschaft bemühte sich immer wieder um eine Verlängerung meiner Aufenthaltsgenehmigung. So kam es zu verschiedenen Projekten im ganzen Land. Ich half Näh- und Handarbeitsschulen in Behinderten- und Waisenzentren einzurichten und wurde vom afrikanischen Orden der Bene-Terezya für zwei Jahre in die Noviziats-Schule des Ordens gerufen, wo fünfzig Novizinnen in Hauswirtschaft (Kochen, Hausgärtnern, Hygiene, Nähen, Handarbeit und anderes mehr) unterrichtet wurden. Als Schwestern wurden sie später im ganzen Land für den sozialen Dienst in den Gemeinden eingesetzt. Ich sah dies als eine der sinnvollsten Aufgaben an, und es war eine herrliche Zeit mit diesen fünfzig jungen Frauen, die überaus motiviert und lernbegierig waren. Da machte jeder Tag Freude.

Das letzte Projekt, das Behinderten- und Waisenzentrum in Gitega, das den Namen *Zachäus-Haus* trägt und in den Bürgerkriegsjahren mit bis zu 130 Kindern und Jugendlichen belegt war, ist noch heute wie ein Zuhause für mich. Mit 75 Jahren begann ich hier, gemeinsam mit der *Anamed*-Gruppe von Dr. Hans-Martin Hirt, ein Malaria-Projekt: den Anbau der Artemisia-annua-Heilpflanze.

Das Samenkorn der Grenzüberschreitung, das in meiner Kindheit in die Erde gelegt worden war, war aufgegangen. Ich konnte zusehen, wie es aufging und zu sprießen begann, wie es heranwuchs und zu einer kräftigen Pflanze wurde, die anfing, Früchte zu tragen.

Seit meiner Ankunft in Burundi sind mehr als zwanzig Jahre vergangen. Im Rückblick kann ich nur sagen: Nicht eine Stunde, die ich mit den Menschen in Burundi verbringen durfte, habe ich bereut. Im Gegenteil, ich bin dankbar für alle Fügungen, die sich auf meinem Lebensweg ergeben haben.

HANNELORE KLABES

# Meine erste Begegnung mit Matteo

Als sich 1973 mein Patenkind Matteo aus Rom meldete, konnte ich es erst gar nicht glauben, denn ich hatte noch nie etwas Persönliches von ihm bekommen. Seine Erklärung war einleuchtend: Er hatte in Italien unter anderem Theologie studiert, war in seiner Heimat Burundi in Zentralafrika zum Priester geweiht worden und arbeitete als Militär- und Schulseminar-Seelsorger, bis ihn sein Bischof zum Studium an die Theologische Fakultät in Münster schickte. Vier Monate hatte er im Goethe-Institut verbracht, um Deutsch zu lernen, sein erster Kontakt mit der deutschen Sprache. Er erzählte später, wie schwierig es gewesen sei, in dem Büro der Paroasse die Patenadresse zu finden. Zwar wusste man dort von einer Patenschaft, doch die Briefe der Kinder, die stets im Klassenverband geschrieben worden waren, waren damals von den Schulgemeinden weitergeleitet worden, sodass die Patenkinder die Adressen ihrer Paten nicht kannten.

Auf den kurzen Briefwechsel, den wir hatten, folgte von Matteo eine Einladung nach Rom, die ich natürlich gerne annahm. Das klingt unkomplizierter, als es war, denn zunächst musste ich für die Zeit meiner Abwesenheit unseren Haushalt durchorganisieren. Und es gab ein Problem: Mein Mann war nicht damit einverstanden, dass ich allein verreiste.

Die Schulferien, für mich die Sommersemesterferien, standen vor der Tür. Ich arbeitete wie gesagt wieder als Kursleiterin bei der Gesamt-Volkshochschule der Stadt Kassel. Meine jüngste Tochter Veronika war dreizehn Jahre, die beiden Söhne neunzehn und zwanzig, die älteste Tochter zweiundzwanzig Jahre alt. In der Ferienzeit kam meine damals siebzigjährige Mutter gerne zu uns, um die Haustiere und den Garten zu versorgen. Meine Mutter legte ein gutes Wort für mich ein – und meine vierzehntägige Zugreise nach Rom konnte beginnen.

Auf dem Bahnhof wurde ich von einem kleinen, freundlich lächelnden jungen Farbigen begrüßt. Bis dahin hatte ich noch nie Kontakt zu einem Menschen mit dunkler Hautfarbe gehabt, doch die Höflichkeit, die Matteo ausstrahlte, ließ meine anfängliche Scheu sofort verschwinden; es war eine beiderseitige herzliche Begrüßung.

Wohnen konnte ich bei den deutschen Schwestern in der Nähe des Vatikans, wo Matteo im Internatsseminar wohnte. Das Erste, was er mir berichtete, war, dass sein Deutschlehrer aus dem Goethe-Institut ihn für vierzehn Tage vom Unterricht befreit habe, weil es effektiver sei, den ganzen Tag mit seinem deutschen Besuch zu sprechen und so die Umgangssprache zu lernen. Mit dieser Anordnung war er sehr zufrieden und ich auch.

Jeden Morgen nach dem Frühstück holte er mich ab. Mit Bus und Bahn lernte ich Rom und seine Umgebung von der schönsten Seite kennen. Matteo sprach perfekt Italienisch. Es war eine wunderbare Studienreise in Begleitung meines mit Rom und Umgebung vertrauten persönlichen Fremdenführers Matteo, von der ich sehr profitierte. Und sein Profit war, dass er seine Deutsch-Kenntnisse in der praktischen Anwendung sehr verbessern konnte. Aus seinem Leben erzählte er mir dann, wie er als zwölftes Kind seiner Eltern zu dem Glück gekommen war, eine Schule besuchen zu dürfen, was den anderen Geschwistern verwehrt geblieben war. Wie dankbar er seinem Vater sei, der große Strapazen auf sich nehmen musste, um seinem Sohn das zu ermöglichen. Das Gemeindezentrum der Missionare mit Klassenräumen für Primarschüler war nur in einem einstündigen Fußmarsch zu erreichen. Eines Tages kam Besuch zu den Eltern. »Wir kleineren Kinder versteckten uns ängstlich vor dem weißen Mann«, erzählte Matteo. »Es war ein Missionspater der Weißen Väter. Als er nach dem Gespräch mit meinen Eltern unseren Hüttenclan wieder verließ, war die anfängliche Scheu überwunden, und wir verabschiedeten uns der Reihe nach mit der rechten Hand, wie es der Vater uns gelehrt hatte. Ich werde nie vergessen, wie der Pater meine Hand festhielt und sagte: 'So, du bist Matteo, willst du denn mal mit deinem Vater zu uns kommen?' Eine Antwort bekam er natürlich nicht von mir, wie meine Geschwister später immer wieder erzählten. Aber wie ich später erfuhr, hatten die Eltern ihr Einverständnis gegeben, dass eines ihrer Kinder Lesen und Schreiben lernen sollte.« Matteo war damals sechs Jahre alt, klein und zart. Die größeren Geschwister mussten mit der Mutter das Land und die Ziegen versorgen, während der Vater jeden Morgen mit dem kleinen Matteo den einstündigen Fußmarsch antrat und am frühen Nachmittag wieder zurück. Matteo erzählte, dass er oft nicht mehr laufen konnte und der Vater ihn immer wieder auf dem Rücken getragen habe. Doch der weite Weg hatte auch sein Gutes, denn unterwegs lernte der Vater durch die Erzählungen seines Sohnes viel über diese ganz andere Welt. Bis zu Matteos achtem Lebensjahr hat der Vater sich diesen Dienst nicht nehmen lassen. Die Mutter wurde kränklich, und da ihn von den größeren Geschwistern keiner begleiten konnte, war er schon sehr früh auf sich allein angewiesen. Doch das Lernen machte ihm Spaß. Nach der vierten Klasse bestand Matteo die Prüfung für die weiterführende Schule. Das hieß allerdings für die Familie, noch mehr Opfer zu bringen.

Matteo musste in die Hauptstadt ins Internat, für das die Eltern ihren Beitrag zu leisten hatte, in Form von Lebensmitteln wie Bohnen, Maniok und Bananen. Zu der Zeit hatten sie noch kein Geld in der Familie, es wurde auf den Märkten alles mit Tauschgeschäften abgewickelt. »Wenn man so wie ich gefördert wurde«, sagte Matteo, »verdankte man es Patenschaften und Kirchengemeinden. Im Internat brauchten wir im Dezember keine Dankesbriefe mehr zu schreiben, in Deutschland war Krieg- und Nachkriegszeit.« Und er erzählte weiter: »Die Patenschaften wurden erst eine geraume Zeit nach der Währungsreform durch die Missionare der Weißen Väter, die in Burundi arbeiteten, wieder aktualisiert. Für uns hieß es immer nur: lernen, lernen, lernen. In den Ferien wurde ich von meinem Vater und meinem ältesten Bruder abgeholt. Es war jedes Mal die größte Freude, wieder zu Hause zu sein.« Das glaubte ich gern, wenn ich in die strahlenden Augen sah, mit denen Matteo das erzählte.

Jahre später, als mein Kindertraum immer mehr Gestalt annahm, konnte ich mich von der Tragweite dessen, was Eltern und Geschwister für die Bildung ihres Matteo auf sich genommen haben, selbst überzeugen.

Mein erster Urlaub mit Matteo in Rom ging mit Glück und Zufriedenheit zu Ende.

Um viele finanzielle Schwierigkeiten zu überwinden, hatte ich mich in Kassel bei der Gesamt-Volkshochschule als Nähkursleiterin für Anfänger und Fortgeschrittene und als Leiterin von Zuschneidekursen beworben. Ich wurde angenommen. Das war im Jahr 1971.

Ich konnte mir die Kurse zeitlich einrichten, wie ich wollte, es war kein Vollzeitjob. Mit zweiundvierzig Jahren ist man glücklich, mal Familie, Haus und Garten zu vergessen und dem erlernten Beruf nachzugehen, und so war es auch bei mir. Es entwickelten sich viele Kontakte mit den Kursteilnehmern. Im Mütterschulbereich gab es Ausstellungen, in denen die in den Kursen gefertigten Arbeiten gezeigt wurden, und jedes Jahr fanden große Modeschauen mit Preisverleihungen statt. Fehlen durften auch nicht die Geburtstagsfeiern der Kursteilnehmer. Es war, kurz gesagt, eine wunderbare Zeit. Die ersten Jahre wurde ich als Angestellte der Stadt Kassel geführt, dann als Honorarkraft der Gesamtvolkshochschule, wo alle Mitarbeiter vor den Semesterferien abgemeldet und zu Beginn des Semesters wieder angemeldet wurden. Fünfzehn Jahre habe ich als Kursleiterin gearbeitet, bis 1986. In dieser Zeit gab es viele Veränderungen in meinem Leben.

Dazu gehörte vor allem das Kennenlernen meines Patenkindes 1973 in Rom, woraus sich sehr positive weitere Begegnungen entwickelten. In den Semesterferien übernahm Matteo dank seiner guten Deutschkenntnisse immer Ferienvertretungen in verschiedenen Pfarreien. Mit meiner jüngsten Tochter besuchte er die Löwenburg-Serenade und verschiedene Theaterstücke. Er wurde ein Teil der Familie. Oft sagte er: »Wenn ich zurück in meiner Heimat bin, musst du mich besuchen kommen.« – »Jaja, Matteo«, war jedes Mal meine Antwort, aber geglaubt habe ich nie daran. Die Probleme um mich herum häuften sich immer mehr, und sie hatten mit meiner Ehe zu tun.

Bis zu meinem vierzigsten Jahr war meine Ehe von den Vorstellungen meines Mannes geprägt, die sich in *einem* Satz zusammenfassen ließen: »Eine Frau muss dem Manne untertan sein.« Schon das bloße Wort »Emanzipation« brachte ihn auf die Palme. Meistens schwieg ich um des lieben Friedens willen, aber innerlich wurde ich zusehends stärker. Meinen Führerschein machte ich ohne Wissen und Zustimmung meines Mannes am Vormittag, wenn die Kinder in der Schule waren; mein Mann hätte es mir nicht erlaubt. Ebenfalls am Vormittag besuchte ich die Malteserschwestern-Schule, machte mein Malteser-Hilfsschwester-Diplom und absolvierte ein Praktikum im Elisabeth-Krankenhaus in Kassel. Die neue Nebentätigkeit machte mir Freude und war ein Ausgleich zum Familienleben. Im Seniorenheim, dem Luisen-Haus in Kassel, machte ich Urlaubsvertretungen über das Wochenende und übernahm Nachtschichten. Das bedeutete immer eine gute Aufbesserung meiner Haushaltskasse, denn mein Mann hielt mich knapp, bis auf die vereinzelten Gelegenheiten, wenn ich mich seinen Wünschen entsprechend verhalten hatte. Allmählich wurde ich mir meiner Unterwürfigkeit bewusst, mein Bedürfnis nach Unabhängigkeit war geweckt, und ich begann mich zu verändern, was für meinen Mann so schwer zu verkraften war, dass er immer häufiger Zuflucht im Alkohol suchte. Die Szenen, die sich daraus ergaben, führten letztlich zum Schlussstrich unter eine dreißigjährige Ehe: 1979 wurde ich offiziell geschieden.

Dank meiner Mutter, die sehr umsichtig war und meinen Sparteil und den der Familie unter ihrer Obhut hatte, die mein Ehedrama verfolgt hatte und schließlich verhinderte, dass die Ersparnisse auch noch in Alkohol umgesetzt wurden, war ich in der Lage, die Anzahlung für eine kleine 37-Quadratmeter-Wohnung zu leisten, einen Neubau in Wilhelmshöhe, wo ich ins Parterre zog, weil ich es liebte, aus der Wohnung in den Garten zu treten. Ich bin in die erst halb fertige Wohnung eingezogen, mit allem möglichen zusammengewürfelten Mobiliar. Die Kinder waren nicht mehr zu Hause, nur Veronika, die Jüngste, studierte noch und lebte vorübergehend in einer Wohngemeinschaft.

Ehescheidung bringt nicht nur seelisches Leid, auch körperliche Leiden scheinbar unbekannten Ursprungs stellen sich sehr oft ein. An meinem Halsansatz bildeten sich pflaumengroße Knoten, die dringend entfernt werden mussten. Danach wollte ich endlich einmal Urlaub machen, und zwar in Jugoslawien. Es waren Semesterferien – mal eine Weile keinen großen Garten mit Haus und Hund versorgen, es fiel wie eine Last von mir. Wenn nicht die Aufregung der Gütertrennung immer noch für Unruhe gesorgt hätte.

Es sollte ganz anders kommen.

Aus dem Krankenhaus kam die Nachricht: gutartiger Tumor, der Entlassung stand nichts mehr im Weg. Zweitens: In der Post war ein Brief aus Burundi von Matteo:

*Mama, Du musst kommen! Der Bischof hat eine große, verwaiste Pfarrei in Rugari in meine Verantwortung gegeben. Hier ist ein Garten mit viel Gemüse von den Brüdern der Weißen Väter angelegt, aber niemand kann damit umgehen. Sie haben keinen aus dem Dorf angelernt, kannst Du das nicht machen, bitte?*

Kaum war ich aus dem Krankenhaus entlassen, führte mein erster Weg ins Reisebüro am Karlsplatz, wo ich mir alle Reisemöglichkeiten und die Kosten aufschreiben ließ und als völlig Unerfahrene hin- und hergerissen war: Soll ich fliegen oder soll ich nicht? Schließlich erbat ich mir einen Tag Bedenkzeit. Über so eine Entscheidung musste ich erst mal schlafen.

Bei den Weißen Vätern in Köln gab es für Matteo ein Spendenkonto, und ich fragte dort erst einmal telefonisch nach, wie die Situation sei. Sie ermunterten mich. Da ich ja keine Kirchenfrau sei, solle ich die Reise ruhig antreten. Also teilte ich den Weißen Vätern den Tag meiner Ankunft in Bujumbura mit, und sie verständigten über den Bischof in Muyinga Matteo. Eine Woche später, wir schrieben das Jahr 1980, trat ich meine allererste Flugreise an.

Meine Gedanken eilten voraus, nach Afrika, diesem unbekannten Kontinent mit seinen faszinierenden Farben, den Palmen, Blüten, Hütten, Menschen, Tieren. Ich war in gespannter Erwartung, die vielen Ratschläge von Freunden und Bekannten im Ohr, die dem Fliegen galten, von denen ich mir aber keinen zu Herzen. nahm. Sobald du sitzt und angeschnallt bist, nimmst eine gute Schlaftablette, dann merkst du nichts, hatte ich für mich beschlossen. Gesagt, getan. Es war ein Nachtflug, und ich habe alles verschlafen, bis unmittelbar vor der Landung am frühen Vormittag aus dem Lautsprecher dic samtige Stimme des Piloten kam: »*Blenvenue a Bujumbura* – wir haben 38 Grad.« Da war ich sofort hellwach, und ich verspürte keinerlei Unwohlsein.

## Erste Ankunft in Burundi

Es war zehn Uhr am Vormittag, als ich mit den anderen Fluggästen auf die Außenplattform trat. Die heiße Luft, die mich umgab, wollte mich erst gar nicht atmen lassen. Mit einer höflichen Geste ließ ich die anderen vorgehen und blieb erst mal am Gelände stehen. Es wurde immer heißer, Feuchtigkeit kroch mir in die Bluse, im Nu war ich völlig nassgeschwitzt. Die lauten Seufzer der Mitreisenden waren auch nicht zu überhören. Neugierig ließ ich die Blicke schweifen, doch es bot sich mir nur der triste Anblick des verbrannten Geländes, aus dem sich der kleine Flughafenbau erhob. Beim Aufschauen sah ich winkende Hände und fröhliche Gesichter, unter denen ich Matteos sofort erkannte. Da fiel mir erst mal ein Stein vom Herzen, und meine heimliche Befürchtung, in einem fremden Land anzukommen und niemand wäre da, um mich abzuholen, löste sich in Luft auf. Eine Vorstellung davon, wie es weiterging, hatte ich nicht, aber mein erstklassiger Reiseleiter war ja da, und er hatte noch zwei Freunde mitgebracht. Beim Ausfüllen der Formulare in Französisch durfte Matteo mir helfen. Ich erhielt den ersten Stempel in meinen Reisepass: 14.07.1980.

Wir fuhren gemeinsam in die Stadt. Ich konnte all das Neue rings um mich herum gar nicht so schnell aufnehmen, wie es in der flirrenden Hitze an mir vorbeizog. In einem Missionshaus von Bujumbura war ein Quartier für uns vorbereitet. Matteo sagte, für unsere Weiterfahrt nach Rugari brauchten wir einen ganzen Tag, und so würde die Reise erst am nächsten Morgen weitergehen. Die Straße war erst bis Bukarama gebaut, alles andere war noch Piste. Der restliche Tag war ausgefüllt mit dem Vorstellen bei Matteos Freunden und vielen Gesprächen in teils gutem, teils gebrochenem Deutsch. Es war eine lustige, freundliche Gesellschaft, in der ich mich sofort wohlfühlte.

Der Abend kam sehr schnell, um sechs Uhr wurde es dunkel, im Gegensatz zu Deutschland, wo es im Sommer erst um zehn Uhr dunkelt. Weil es an diesem Abend keinen Strom gab, gingen alle mit der Kerze früh zu Bett, worüber ich sehr glücklich war, da in der vorigen Nacht der Schlaf in halb sitzender Stellung nicht so das Optimale gewesen war.

Am nächsten Morgen fuhren noch eine afrikanische Schwester und ein junger Mann mit. Chauffeur war Matteo. Wir fuhren an dem bunten Treiben des großen Marktes von Bujumbura vorbei, wo Afrikaner um den Preis von getrocknetem Fleisch feilschten, das auf dem Boden ausgebreitet lag und von Schwärmen schillernder Fliegen bedeckt war. Geschlachtete Ratten und Affen lagen übereinander, Berge von leuchtend roten und gelben Schoten, Gemüsesorten in allen Farben. Es gab Stände mit zerlöcherten T-Shirts und gebrauchten Schuhen, mit Kisten voller Brillen und Medikamenten, die der prallen Sonne ausgesetzt waren, Erdnüsse, Glitzerschmuck, Brennholz, zerlumpte Kinder und Afrikanerinnen in bunten Tüchern, die ihre Habe in großen Körben auf dem Kopf balancierten. Über allem lag der Duft exotischer Gewürze.

Wir verließen die Stadt, und die Fahrt führte in die gebirgige Hochlandschaft. Unter uns erstreckte sich malerisch der Tanganyika-See. Auf der sehr kurvenreichen Strecke des aufragenden Gebirgszugs, an einem guten Aussichtspunkt, machte Matteo Halt, um mir alles ringsherum zu erklären. Es war und ist auch heute noch, wenn ich ins Land komme, ein überwältigender Anblick, der mich immer wieder staunen lässt: Auf der gegenüberliegenden Seite des Sees erhob sich die noch höhere Bergkette des damaligen Zaire, teils mit weißen Wolkenfetzen verziert, im wunderbar blauen Himmel. Es ging weiter bergauf in eine ausgedehnte, stark zerklüftete Hochfläche. Wo keine Felsen waren, gab es steile Berghügel mit Bananen, Maniok und Bohnen. In den Bananenfeldern standen Wohnhütten, Ansammlungen ganzer Familienclans. Matteo hatte viel zu erklären, um meine Neugier zu befriedigen. Hier herrscht ein äquatoriales Regenklima, zwei Regenzeiten von September bis Ende Dezember und von März bis Mitte Mai, sieben bis neun feuchte Monate. In den Hochlagen ist das Klima milder und auch für Europäer erträglich. Die zentralen und östlichen Hochflächen, die mit ihrer Feuchtsavannen-Vegetation das Bild einer Parklandschaft abgeben, sind die bevorzugten Anbaugebiete für die vielfältigen Gemüsearten, die in den Auslagen der Bauern an den Straßen und Wegen zu bewundern sind.

In Bukarama, auf der Höhe der Bergkette, fing die Pistenlandschaft an. Immer wieder abgebrannte Bäume, hohe Termitenbauten, die tiefrot ein übereinandergeschichtetes Bauwerk bildeten. Sehr ärmliche Hütten, viele Kinder mit noch kleineren Kindern auf dem Rücken. Mir fiel auf, dass es keine Frau gab, die nicht ebenfalls ein Kleinkind auf dem Rücken trug, dazu eine Feldhacke. Ein Auto zu der Zeit war eine Seltenheit. Die Kinder liefen immer sofort ins Gebüsch, Männer waren wenige zu sehen. Matteo hatte für eine Rast angehalten, um die Beine zu vertreten, Bananen und eine Papaya zu essen (Proviant, für den die Schwester gesorgt hatte), aber auch, um mal austreten zu können.

Eine lustige Episode munterte uns bei diesem Haltestopp auf: Matteo war eine Weile im Gebüsch verschwunden, wo weit und breit kein Mensch zu vermuten war. Er kam wieder zum Auto und da passierte etwas, worüber wir noch heute lachen können: Als wir weiterfahren wollten, kam eine Kinderschar aus dem Busch und rief: »Patri, Patri, *ingo-kuraba* (»Warte und guck mal«)!«

Ich verstand das nicht. Sie hielten Papier in der Hand, das sie dem Pater geben wollten, da sie meinten, er habe es vergessen. Es war das Toilettenpapier aus seiner Tasche, das er benutzt hatte. Zu der Zeit kannten die Kinder in den abgelegenen Hütten ja noch kein Papier, es wurde alles in Bananenblätter eingedreht. Matteo lachte herzhaft und sagte: »Da denkt man, hier ist keine Menschenseele, und dann sind es diese kleinen schwarzen Geister im Unterholz, die einen beobachten.« Er sagte den Kindern, er brauche das Papier nicht mehr, und sie jubelten und sprangen vor Freude. Wir haben sehr gelacht. Doch ich dachte auch darüber nach. So ist es also, wenn Kinder hier draußen im Busch ohne Papier und alles, was dazugehört, groß werden – geschweige denn, dass sie Bilderbücher hätten ... So fing ich an, auf eine erste Weise alles von einer anderen Seite zu sehen.

Nach dieser kleinen Episode ging es weiter. Die Landschaft wechselte teilweise von graubrauner Dürre zu lehmroten Straßendörfern, dann eine stark duftende Kaffeeplantage in weißer Blütenpracht, immer wieder an Avocadobäumen vorbei und an vereinzelten Hütten, vor denen sich Männer träge in schiefen Stühlen lümmelten, teilweise nur mit löchrigen Hosen bekleidet. Auf Holzgestellen wurden grüne Zitronen, Papayas und Bananen angeboten. All diese schnell aufeinanderfolgenden sinnlichen Eindrücke gingen mir tief unter die Haut und ich fühlte mich im Innersten berührt, als wäre ich endlich durch eine Tür getreten, die lange Zeit verschlossen war.

Am Horizont zog inzwischen die Dämmerung herauf und in das Abendlicht mischte sich der Duft der Holzfeuer. Frauen bereiteten das Abendessen auf kleinen Feuerstellen. Von der unbeschreiblich schlechten Piste aus aneinandergereihten Löchern wurden wir kräftig durchgeschüttelt. Doch die Trasse aus roter Erde, gesäumt von breitfächerigen Musangabäumen, und die untergehende Sonne boten einen Anblick, der mir wohl schon von Fotografien her bekannt war, über den ich mich aber jetzt, als ich ihn in der Realität wiederfand, freute wie ein Kind. Plötzlich hüllte sich die Landschaft kurz in Lila, Rot – und dann war es schlagartig dunkel. Wir kamen in der großen, aus roten Backsteinen gebauten Missionsstation an. Ich habe nur gestaunt: Einen so großen Gebäudekomplex, bestehend aus einer riesigen Kirche, einem Pfarrhaus und einem Schulgebäude, alles in einer gut gepflegten Anlage, hatte ich nicht erwartet. In dieser Station gab es Petroleumlampen. Der große Rundgang wurde auf den nächsten Tag verlegt.

Es fiel mir sonderbarerweise nicht schwer, auf mein gewohntes Frühstück zu verzichten. Meine erste Bekanntschaft mit dem Sorghobrei, der mit Wasser zubereitet wurde, und den Bananen zum Frühstück fand ich angenehm. Brot kannte man nicht. Der Rundgang durch das Anwesen dieser großen Missionsstation ließ mich ahnen, was deutsche Missionare in den vielen Jahrzehnten hier an Energie, Entbehrung und Ausdauer investiert haben. Burundi gehörte vor dem Ersten Weltkrieg als Kolonie zu Deutsch-Ostafrika. In dieser Station in Rugari lebten vor ein paar Monaten noch drei Priestermissionare für die sehr weitläufigen Außenbezirke und vier Brüder für Schulunterricht, Katechese, Land- und Hauswirtschaft, alle vom Zentralorden der Weißen Väter in Köln. Zirka fünf Minuten von der Station entfernt unterhielten holländische Missionsschwestern eine Krankenstation mit Schwester Augustine und eine Nähschule mit Schwester Angel, die schon siebzig Jahre alt war, aber nicht in ihr Mutterhaus zurück wollte. Sie sagte nur: »Hier ist mein Leben noch nutzbringend, zu Hause im Altenheim der Schwestern kann ich nur noch beten, Tische decken und abdecken, das ist nicht meine Welt. Der Herrgott wird mir meinen Ungehorsam bestimmt verzeihen.« Mit der Ansicht war sie natürlich ganz auf meiner Seite. Schwester Magarete war die Jüngste, dafür zuständig, Decken und Kleider aus Sammlungen an die Armen zu verteilen, Mütter mit ihren Babys und Kleinkindern bei der Ernährung zu beraten und Milchpulver auszugeben. Schwester Clara war die Oberin, die überall einsprang, wo es nötig war.

Matteo und ich wurden erst mal zum Abendessen eingeladen. Ich erfuhr, dass am Abend das so genannte Nachtmahl die wichtigste Mahlzeit am Tag ist. Danach ist Nachtruhe, vor allem bei den Einheimischen, Kerzen oder Petroleum kosten Geld, und das haben die meisten Menschen nicht. Auf den Märkten geht der Verkauf noch im gegenseitigen Tauschgeschäft vonstatten.

Schwester Angela und Schwester Augustine hätten mich am liebsten schon am ersten Abend in ihre Arbeit in der Nähstube und der Krankenstation eingeplant. Sprachlich gab es keine Probleme, die holländischen Schwestern sprachen ein sehr gutes Deutsch. Matteo wollte aber erst einmal seine Probleme mit mir besprechen. Bei seinem kirchlichen Auftrag hatte er einheimische Katechisten und Gemeindehelfer mit eingesetzt, auch für den Schulunterricht der Kinder bildete er in Nachmittagskursen Helfer aus. Er wollte, dass alle Kinder wenigstens Lesen, Schreiben und Rechnen lernten. Die Wege von den Außenstellen waren zu weit für die Kinder, und so wurde eine mit Grasstroh überdachte offene Klasse mit Reisig und Lehm zu einer geschlossenen Unterkunft für die Kinder hergerichtet, der trockene Lehmboden mit Grasstroh ausgelegt, damit achtzig bis hundert Kinder einen Schlafplatz hatten. Die anderen Unterrichtsunterkünfte blieben offen.

Im Sonntagsgottesdienst, der regelmäßig von über tausend Gläubigen besucht wurde, wie Matteo mir erklärte, stellte er mich seiner Gemeinde erst mal vor (verstehen konnte ich nichts), und sie klatschten alle begeistert. Sein Anliegen an alle Eltern, ihre Kinder zur Schule zu schicken und im Pfarrhaus anzumelden, wurde zum großen Teil angenommen. Die Kinder wurden in zwei Gruppen aufgeteilt, zum Unterricht alle vierzehn Tage. Woche für Woche kamen hundert Kinder zum Schlafen und Lernen, mehr Plätze gab es nicht. Ein Elternteil brachte das Kind am Montagmorgen mit einem Säckchen Bohnen, Maniokmehl, Sorgho, Kochbananen und dergleichen mehr, als Verpflegung für die Woche, zur Missionsstation. Den folgenden Sonntag, nach dem Gottesdienst, nahmen die Eltern ihre Kinder wieder für eine Woche mit nach Hause. Am Montag kam die nächste Truppe. Es gab aber auch viele Eltern, die ihre Kinder nicht zur Schule schickten, weil sie für die Arbeit zu Hause gebraucht wurden oder Babysitter für die jüngeren Geschwister sein mussten. Zehn bis fünfzehn Kinder waren üblich in einer Familie, so wie vor knapp einhundert Jahren auch bei uns in Deutschland. Meine Eltern sind auch noch mit zahlreichen Brüdern und Schwestern groß geworden, Vater mit neun, Mutter mit zwölf Geschwistern.

Ich begann über die Erzählungen meiner Großmutter nachzudenken, die mir noch in sehr guter Erinnerung sind. Es war eine Selbstverständlichkeit, dass die Kinder, je nach Alter, für bestimmte Arbeiten auf dem Bauernhof eingeteilt wurden, etwa zum Hüten der Kühe, Ziegen oder Schweine an den grasbewachsenen Wegrändern. Das Weidenheu war Vorrat für den Winter. Frühstück und Mittagessen wurden von den Kindern mit dem Handwagen zu den Arbeitern aufs Feld gebracht, und auch dort zog man die Kinder zu Arbeiten heran, zum Beispiel beim Aufstellen der Strohbündel zum Trocknen. An den Waschtagen war es ihre Aufgabe, die Wäsche mit dem Handwagen zum Bach zu fahren, wo sie gespült und auf der Dorfbleiche in der Sonne ausgebreitet wurde. Wer musste aufpassen und mit der Gießkanne die Wäsche immer schön feucht halten? Das waren alles Arbeiten für die Kinder. Im Frühjahr, Sommer und Herbst konnten nur Großbauern ihre Kinder zur Schule schicken, weil sie genügend Knechte zum Helfen hatten.

Matteo kannte durch seinen Europa-Aufenthalt beide Seiten, die des Fortschritts durch Lernen, weitgehend eigenständiges Denken und praktische Umsetzung und die des Stillstands durch Nicht-Wissen und die Unfähigkeit, Erlerntes weiterzugeben.

Von Matteo und den holländischen Schwestern lernte ich als Erstes sehr schnell die Grußworte in Kirundi. Ganz gleich, ob ich *Gakeje* (»Guten Tag«) oder *Gakejenäsa* (»Einen schönen guten Tag«), *Amahoro* (»Friede sei mit dir«) oder *Amahoronesa* (»Ein besonderer Friede sei mit dir«) sagte: Jeder Burundier, ob groß oder klein, trat mir nach dem Gruß mit solcher Herzlichkeit entgegen, dass ich mich von Anfang an in ihrer Gegenwart einfach wohlfühlte.

Vierzehn Tage später war ich mit Matteo drei Tage quer durchs Land nach Mutumba im Hochgebirge am Tanganyika-See unterwegs. Der Besuch galt der Schönstatt-Mission aus der Schweiz mit Pater Otmar, der durch seine Tante in Kassel gute Beziehungen zu meiner jetzigen Heimatstadt hatte. Ich habe nie vergessen, wie er damals zu mir sagte: »Hannelore, wie ich sehe, haben dich die Afrikaner schon angenommen, für uns Weiße ist es so: Wenn sie dich angenommen haben, kannst du dich hier so sicher fühlen wie in Abrahams Schoß, wenn aber nicht, dann lassen sie dich vor der Haustür verrecken, ohne dich anzusehen.«

Damals wusste ich noch nicht, dass dieses Land mich mal zu einem »zweiten Leben« herausfordern und Pater Otmars Aussage sich wortgetreu bewahrheiten würde. Und die Patres und Schwestern der Schönstatt-Mission sollten die besten Freunde im gegenseitigen Austausch der vielen Probleme werden, die sich später im Land ausbreiteten. Ihre große Station in Mutumba umfasste auch einen Schul- und Krankenhausbereich sowie ein Gemeindezentrum mit einem Rundkirchenbau und eine Mädchen-Sekundarstufe mit einheimischen Novizinnen.

Nach einer Übernachtung fuhren wir am nächsten Tag nach Mutwenzi bei Gitega zu Pater Zachäus Knoll. Matteo wollte in dem Pfarrhaus Rugari gerne eine Sozialstation für Arme einrichten. Ein großer Teil von Altkleidersammlungen war noch vom Vorgänger vorhanden, aber nicht mehr zu gebrauchen: Hosen von dicken Männern mit defekten Reißverschlüssen und fehlenden Knöpfen. Es war beschämend, wie sich die dünnen Afrikaner mit Stricken aus Sisal und um den Bauch gebundenen getrockneten Bananenblättern die viel zu großen Hosen zusammenhielten. Matteos Entschluss stand fest: »Eine Nähmaschine muss her, und Hannelore lernt zwei, drei Mädchen aus der Gemeinde zum Ändern der Garderobe an. Eine Nähmaschine gibt es nur beim Pater Zachäus Knoll, der sammelt in Deutschland und schickt Container bis Dar es Salaam.« In Mutwenzi betreute Pater Knoll eine Behindertenstation mit einer Nähschulklasse, die aber nicht so funktionierte, wie er es sich erhofft hatte. Seit fünfundzwanzig Jahren war er in diesem Land und hatte seine ganze Kraft, das Vermögen seiner Geschwister und seinen eigenen Erbteil in dieses Behinderten-Zentrum investiert.

»Meine Behinderten brauchen eine richtige Lehrmeisterin, ich bin ein Mann und schon zu alt, ich kann das nicht mehr. Sie wurschteln einfach so was vor sich hin, was niemand haben will«: Das war nach der Begrüßung beim Rundgang das Erste, was er loswerden musste. Was ich beim Rundgang sah, konnte seine Worte nur bestätigen.

Wir blieben auch hier über Nacht. Und bei jeder Gelegenheit richtete Pater Knoll diesen einen Satz an mich: »Mädchen, dich kann ich hier gebrauchen, bleib doch hier.« Aber damals stand mir noch überhaupt nicht der Sinn danach. Doch die gebrauchte Nähmaschine aus Deutschland bekamen wir und konnten sie gegen eine Spende von 300 DM für sein Zentrum mitnehmen.

In Rugari kamen drei Mädels zwischen sechzehn und zwanzig Jahren zum Anlernen als Änderungsschneiderin in meine Obhut. Nähgarne, Stecknadeln, Nähnadeln, Schere und Kreide hatte ich vorsorglich in meinem Reisegepäck, und so konnte die Arbeit beginnen. Zwei Jungen setzten wir im Garten ein, einen in der Küche. Es machte mir viel Freude. Ihre Sprache beherrschte ich zwar nicht, aber das war kein Hindernis: Nach einer praktischen Demonstration ging das Nacharbeiten immer. Ich spürte, wie sie erfüllt waren von dem Gedanken, etwas lernen zu wollen, nicht davon, etwas lernen zu *müssen*.

Das Land und die Menschen fesselten mich immer mehr. Eine Niederschrift, die ich in diesem alten Missionspfarrhaus fand, gab mir Einblick in die Geschichte Burundis und seiner Bevölkerung und trug zu meinem Verständnis der Urgeschichte dieses Landes bei. Alle diese Eindrücke begannen, ein Teil meines Lebens zu werden, und ich erkannte auf eine erste Weise, dass man mit viel weniger glücklich sein kann, als wir es gewohnt sind.

## Aus den Niederschriften des Pfarrhauses in Rugari

*Bevölkerung:*

Unter den Landesbewohnern stellen die Hutus die stärkste ethnische elementare Gruppe mit rund 86 % der Gesamtbevölkerung dar. Daneben besitzt nur noch das Volk der Tutsi Bedeutung mit ca. 13 %. Amtssprachen sind Französisch und Kirundi. Die Tutsi (»die Großen«) haben das Gebiet der Zwischenseen von Eritrea aus kommend schon seit dem 17. Jahrhundert als Königreich regiert und als dünne Oberschicht die Hutu (»die Kleinen«) beherrscht. Seit 1890 war Burundi ein Teil von Deutsch-Ostafrika, das Land wurde ab 1920 als Völkerbundsmandat an Belgien gegeben. Die Tutsi blieben mit ihrem König jedoch weiterhin die herrschende Kraft. So wurde 1962 das Königreich Burundi von Belgien unabhängig. Eine Reihe von Staatsstreichen brachte das Ende der Monarchie mit dem Sturz des Königs am 28. November 1966. Seit der Zeit gibt es einen Staats- und Regierungschef der Republik Burundi vom Stamm der Tutsi. Aufstände der Hutus gegen die diktatorisch herrschenden Tutsi blieben ohne Erfolg für die Hutus.

Ein furchtbares Massaker im Jahr 1972 mit Massenermordungen an den Hutus ist eine Erklärung für die derzeitige Ruhe im Land.

Der Anteil der röm.-kath. Christen überwiegt mit mehr als 60 % in der konfessionellen Zusammensetzung der Bevölkerung. Nur 1 % bekennt sich zum Islam, Animismus ist noch weit verbreitet (Beseeltheit der Natur). Zur Entwicklung auf schulischem Gebiet trugen vor allem die Missionare entschieden bei. Wie ein Lexikon berichtet, war es fraglich, ob 30 % der Kinder eingeschult wurden, weil der Staat die herbeigeführte Schließung und Reduzierung der Missionsschulen nicht ersetzen konnte.

*Wirtschaft:*
Burundi zählt zu den am dichtesten besiedelten Gebieten Afrikas. Landwirtschaft ist die alleinige Wirtschaftsgrundlage des Landes. Kleinste Familienbetriebe werden von den Hutus, die als Ackerbauern mehr als 85 % der Bevölkerung stellen, mit der Hacke als Hilfe der menschlichen Arbeitskraft bewirtschaftet. Landwirtschaftliche Maschinen sind wegen der Kleinheit der Parzellen und der Unwegsamkeit des hügeligen Geländes unzweckmäßig und für die Bauern nicht erschwinglich. Parzellen von 600 bis 1200 qm als Besitz einer Familie erscheinen als Regelgröße. Inmitten eines Bananenhaines steht die 20 bis 30 qm große Hütte. Oft noch als Rundbauten mit Grasdächern und Graswänden, andere sind schon aus Holzgeflecht mit Lehmschlag erbaut und haben Grasdächer. Diese Häuser sind nicht witterungsbeständig und haben im Durchschnitt nur eine Lebensdauer von 8 bis höchstens 10 Jahren. Die Beschaffung eines Wellblechdaches, um die Lehmwände vor dem Regen zu schützen, ist mit erheblichem Geld- und Zeitaufwand verbunden, da es in Burundi nur als Importware teuer zu erstehen ist. Die Bananenhaine inmitten der Familienparzellen bestimmen den Charakter der Landschaft, so weit das Auge schauen kann, auch an den Hängen hinauf. Es entsteht der Eindruck einer restlosen Besiedlung des Landes.

Neben den Bananen, auch Kochbananen, die gleich unseren Kartoffeln zubereitet werden, bilden Bohnen ein wesentliches Grundnahrungsmittel. Überwiegend als Buschbohnen angebaut, werden sie im getrockneten Zustand geerntet. Der Anbau ist von den europäischen Missionaren vor Jahrzehnten verbreitet worden. Maniok, eine südamerikanische Kulturpflanze des Regenwaldes, wird heute auch angebaut. Die kräftigen weißen Wurzeln, zu Mehl verrieben, werden als Brei, die jungen Blätter als Gemüse zubereitet. Sorgho-Möhrenhirse, eine dem Mais verwandte Gräsergattung, wird gemahlen als Grundnahrung genossen oder gibt vergoren ein sehr beliebtes bierähnliches, berauschendes Getränk. In geeigneten, Wasser führenden Tälern werden geringe Mengen Reis angepflanzt.

Seit wenigen Jahren wird auf staatliche Anordnung von jedem Bauern die Pflanzung von Kaffeebäumen verlangt. Dieser Kaffee ist nach der Ernte restlos an staatliche Ankaufsstellen gegen einen geringen Preis abzugeben. Der Burundikaffee ist von sehr guter Qualität und wird überwiegend zum Export nach Europa, der einzigen westlichen Devisenquelle des Landes, verwendet.

In der Ebene des Tanganyika-Sees wird Baumwolle von guter Qualität angebaut und in einer Chinafabrikation in Bujumbura zu den sehr beliebten, bunten afrikanischen Stoffen verarbeitet, sie sind aber keineswegs ein Ausdruck eigener einheimischer Kunst und Kultur.

In Höhen über 2000 Meter liefern einige Teeplantagen im Besitz ausländischer Patrone oder als Staatskolchose vorzüglichen Tee ausschließlich zum Export. Der Anbau europäischer Gemüse und Salate, auf Anregung der Missionare, ist noch nicht weit genug verbreitet. Sehr geringer Anbau von Kartoffeln, mehr aber die Batate (Süßkartoffel) als Ersatz. Obstsorten und blühende Büsche sind fast ausschließlich in Gärten der Missionare zu finden, sie sind keine Grundnahrung und haben als Export nach dem fernen Europa keine Chance.

Viehwirtschaft, das heißt Ertrag aus der Viehzucht, ist in absehbarer Zeit und mit den Eigenmitteln der Bauern nicht zu erreichen. Mitbedingt durch eine hohe Bevölkerungsdichte, wird der zur Verfügung stehende Boden übermäßig genutzt. Die Bodenerosion wirft weitere Probleme auf, die Burundi nicht alleine lösen kann. Fehlende Weideflächen sind der Grund für den äußerst geringen Bestand an Rindvieh, der überdies auch noch aus einer Hornviehrasse besteht, die nur geringe Mengen Fleisch und noch weniger Milch liefert. Fleisch und Milch sind somit als Nahrungsmittel bei der Normalbevölkerung unbekannt. Mehr, aber nicht ausreichend, werden Ziegen gehalten. Die Bundesrepublik Deutschland fördert zurzeit ein Projekt in der Provinz Ngozi im Norden des Landes, die Zucht und Haltung von Ziegen in der ländlichen Bevölkerung. Schweine, Federvieh, eventuell Stallhasen wurden und werden von den Missionaren eingeführt und bekannt gemacht, spielen aber im Nahrungsangebot keine Rolle.

Auch Waldnutzung spielt im Wirtschaftsleben keine Rolle. Wald in einigen Gebirgslagen deckt nur 1 % des Staatsterritoriums ab. Eine Aufforstung wird nur mit geringen Mitteln vorangetrieben.

Fischerei: Der Markt in Bujumbura ist mit Fischen reich bestückt, die im Tanganyika-See gefangen werden. Im Land wird größerer Frischfisch mangels Kühlung nicht angeboten, nur getrockneter Kleinsprottenfisch.

Bodenschätze, die für den Staat als Exportware oder gar der Bevölkerung zum Nutzen sind, gibt es nur in geringen Mengen (Gold: 1966 =35 kg.).

Energieversorgung: Mit eingeführtem Dieselöl wird eine Anzahl kleinerer Kraftwerke angetrieben, die über das ganze Land verteilt sind. Die Hauptstadt wird mit Strom aus Zaire voll versorgt. Nur größere Ansiedlungen sind an das weitmaschige Stromnetz angeschlossen. Die Bevölkerung ist ohne Strom oder sonstige Energie; wo keine Energie ist, kann auch keine Industrie entstehen. Die Bundesrepublik Deutschland finanziert ein Projekt des Aufbaus einer Stromversorgung mit ca. 70 Millionen DM (Wasserkraftwerk in Rwegura am Kitenge).

*Industrie und Handwerk:*
Aufgrund des eingeengten Absatzmarktes (geringe Kaufkraft der Bevölkerung, politische Differenzen mit den Nachbarstaaten Ruanda und Zaire, Binnenlage) bestehen auf industriellem Sektor nur begrenzte Entwicklungsmöglichkeiten. Neben Kaffee- und Baumwoll-Aufbereitungsanlagen hat Burundi ca. 20 Gewerbebetriebe, deren Standort überwiegend in Bujumbura ist. Eine Unterentwicklung im handwerklichen Sektor ist augenscheinlich. Das Schneiderhandwerk wird als Einnahmebetrieb ausgeübt, ebenso das Schuhflicken. Die Töpfer stellen einfachste Gebrauchsware innerhalb der Familie her. In der Nähe von Muyinga betreibt eine Sippe Pygmäen das Töpferhandwerk, in einfachster, fast steinzeitlicher Lebensweise. Die qualitativ nicht besonders haltbaren Ziegelsteine zum Hüttenbau werden in Handarbeit von Familien hergestellt.

Kunsthandwerk wie Holzschnitzerei wird in wenigen kirchlichen Einrichtungen angeregt und sehr geschickt ausgeübt. Zurzeit werden Ausbildungsstätten für Schreiner und Schlosser von europäischen Entwicklungshelfern und Missionaren unterstützt.

Währung: Stand 1985: 1 FB = 0,022 DM

*Verkehr und Touristik:*
Verkehrsträger sind Kraftwagen und Schifffahrt auf dem Tanganyika-See. Vom Seehafen Dar es Salaam in Tansania am Indischen Ozean führt die wichtigste Strecke der ersten Deutschen Eisenbahn aus der Kolonialzeit 2000 km durch Tansania nach Kigoma am Tanganyika-See, dann per Schiff nach Bujumbura. Nur Straßenverbindung über Nairobi in Kenia zum Seehafen Mombasa am Indischen Ozean. Straßen auch nach Ruanda, Zaire und Uganda, überwiegend unausgebaute Pisten, die unter sehr starken Regenfällen ausgespült werden. Flugverkehr nur nach Bujumbura.

Der ursprüngliche Verkehrsträger ist offensichtlich der menschliche Kopf. Gefäße aus Binsen und Ton werden ebenso darauf befördert wie Bananenstauden und Bierkästen. Frauen und Männer tragen die Güter zu und von den Märkten. Fahrräder in geringer Zahl, von stabiler Bauart, sind hier und da im Gebrauch. Pferde oder sonstige Zugtiere gibt es nicht. Touristen kommen in unbedeutender Zahl ins Land. Es gibt nur zwei moderne Luxushotels in Bujumbura. Besucher der europäischen Schwestern und Missionare können immer Quartier in deren Stationen bekommen, was mit einer Selbstverständlichkeit Unterkunft und landesübliche Verpflegung beinhaltet. Das gilt auch für eventuelle Touristen.

*Kolonialzeit:*
Ob und inwieweit die Kolonialmächte – das Deutsche Reich bis zum Ersten Weltkrieg, Belgien ab 1920 – Burundi geprägt haben, ist im Moment nicht zu erkennen. Der Glaube an die Beseeltheit der Natur, sowohl der Pflanzen als auch der Tiere und der Naturkräfte, lebt in der Urbevölkerung weiter. Noch bei ca. 33 % der Bevölkerung ist dieser Glaube, trotz christlicher Missionierung der Afrika-Missionare der Weißen Väter seit Ende des 19. Jahrhunderts, verankert.

## Vierzehn Tage als Malteser-Hilfsschwester

Die Situation der Menschen, die abseits jeglicher Dorfgemeinschaften verstreut im Busch lebten, konnte ich vierzehn Tage lang hautnah miterleben, und was ich sah, erschütterte mich. Matteo musste für die Zeit nach Bujumbura zu einer Konferenz. Da ich in dieser großen Station nicht alleine bleiben sollte, zog ich für die Zeit in das Schwesternhaus der holländischen Missionsstation, wo man ein gutes Deutsch sprach. Mit Schwester Clara, Schwester Angela, Schwester Augustine und Schwester Margarete entstand hier eine wunderbare Freundschaft über viele Jahre. Augustine war Krankenschwester und nahm mich sofort als Malteser-Hilfsschwester in Beschlag – für denselben Dienst, den ich seinerzeit als Vertretung im Altenheim in Kassel ausgeübt hatte.

Dreimal in der Woche stand Außendienst auf dem Plan, bei dem der Kofferraum das Behandlungszimmer ersetzte, in irgendeiner Buschstation, wo die Leute schon warteten. Wenn die Kofferraumklappe sich öffnete, lag in Kisten, Schachteln und Eimern alles für die Krankenversorgung bereit: Verbandszeug, Salben, Jod, Pillen, Zangen zum Zähneziehen, Desinfektionsmittel, Kinderwaage und vieles mehr. Ich war verwundert über das Verhalten der Kranken, die die schlimmsten Schmerzen ohne einen Laut hinnahmen: Verbrennungen, abgehackte Finger, kleine und große Geschwüre übelster Art, so etwas hatte ich noch nie gesehen. Vor den Besuchen in den Hütten, die wir zu Fuß aufsuchten, hatte Augustine mich schon auf das Schlimmste vorbereitet. Einer alten Frau, die nicht mehr von ihrem Lager aufstehen konnte, hatten die Ratten einen Teil der Füße abgefressen, der süß-saure Geruch in dem Raum raubte einem fast den Atem. Ich bewunderte Sr. Augustine, der das gar nichts mehr auszumachen schien: Es wurde alles neu verbunden, Maniok und Bohnen wurden gegeben und Worte des Trostes, die ich nicht verstand, und dann ging es zur nächsten

Hütte. Schwester Augustine sagte: »Wir wollen noch nach unserem Malaria-Mann sehen.« Sie hatte vor zwei Tagen jemanden beauftragt, bei ihm zu bleiben. Oh weh, bestialischer Geruch drang wie aus einem nicht verschlossenen Grab aus der Hütte, und der Anblick, der sich uns bot, war schaurig: Auf einer alten Raphiamatte neben der Feuerstelle lag ein nackter, zum Skelett abgemagerter und den Fliegen und Ameisen ausgelieferter Körper. Aus seinen geschlossenen Augen rann eine bräunlich-gelbe Flüssigkeit, seine Nasenlöcher waren mit demselben Sekret verstopft. Ab und zu schüttelten ihn Krämpfe, und aus seiner Kehle drangen schwache, unnachahmliche Laute, die schon mehr aus dem Jenseits zu kommen schienen, als dass sie ein irdisches Stöhnen waren. Ich war entsetzt: Was ist der Mensch auf seinem Totenbett! Das Aussehen dieses zum Tier erniedrigten Wesens brachte mich so aus der Fassung, dass mein Körper von einem Zittern erfasst wurde und ich mich hilflos an Schwester Augustine wandte: »Was können wir tun?« Sie starrte eine Weile ins Leere. Dann nahm sie das Handgelenk des Sterbenden zwischen Daumen und Zeigefinger und verharrte so einige Minute, die Augen auf ihre Armbanduhr gerichtet. Nach einer kurzen Weile sagte sie: »Er hat's geschafft«, segnete ihn und legte die knochigen Finger auf seiner Brust zusammen. Nur drei Personen warteten vor der Hütte auf diese Botschaft, um diesen erbärmlichen Leichnam schnellstens der Erde zurückzugeben.

Auf der Heimfahrt von dieser wöchentlichen Krankenversorgung war es totenstill, jeder von uns versuchte seine Gedanken zu ordnen, um mit dem Geschehen der letzten Stunden fertig zu werden.

Eine hautnahe Begegnung mit einer Form der Malaria, der sogenannten Kopfmalaria, hatte ich vierzehn Tage später, als ich mit Matteo das Krankenhaus in Gihanga besuchte, das von deutschen Missionsschwestern geleitet wurde. Für die Patienten gab es einen Raum, dessen Wände ringsherum gepolstert waren. Im Endstadium dieser Kopfmalaria ist der ganze Körper, vor allem der Kopf, so in Wallung, dass er von einem Ende der Wand zum anderen schlägt. Schwester Chrizensia erklärte mir, dass das Auspolstern der Wände besser sei, als den tobenden Körper mit Gurten am Bett zu halten, da Fuß-, Hand-

und Halsgelenke sich blutigreiben würden. Die jaulenden Schreie aus diesen gepolsterten Malaria-Zimmern verfolgten mich noch lange.

Trotz der tiefgreifenden seelischen Erschütterungen angesichts dieser Erfahrungen, die sich in meinem Inneren wie Verkapselungen festsetzten, konnte ich nicht umhin, mit allen Sinnen immer wieder die Schönheit der Natur mit ihrer ständig wechselnden Berg- und Tal-Landschaft in mich aufzunehmen: vom Frühlingsgrün bekleidete Ebenen, hellgrüne Bananenhaine an den vielen Hügeln, die, von kleinen Strauchwäldern begrenzt, das Land durchzogen, dazwischen verstreut die Strohdächer der Ansiedlungen, die nur durch schmale Trampelpfade miteinander verbunden waren. Die mit dem Auto befahrbaren Straßen im Land – oh je, mit einer Straße hatte diese Aneinanderreihung von Pfützen, Schlaglöchern und Schlammstellen freilich nur den Namen gemein. Viel eher glichen diese Straßen an vielen Stellen einem ausgewaschenen Flussbett, das ganz der Natur überlassen war, sodass die Wegbegrenzung oft unter einem dichten Teppich von wucherndem Gestrüpp verschwand, aus dem hier und da Termitenhügel hervorragten. Bei Einbruch der Dunkelheit mussten wir immer am Ziel sein, aus Sicherheitsgründen wegen einer möglichen Panne.

Die Tage und Wochen vergingen viel zu schnell. Begleitet von dem Versprechen, für ein Jahr wiederzukommen, um in der Behinderten-Nähwerkstatt behilflich zu sein, wenn in Deutschland meine Altersversorgung gesichert sei, wurde mit Wehmut mein Rückflug vorbereitet.

Durch dieses andere Leben, das von da an ständig in mir gegenwärtig war, veränderte sich meine Lebenseinstellung von Grund auf. Diese Menschen lebten vollständig im Hier und Jetzt, während wir planten und durch den Tag hetzten und kein Gespür mehr für den Augenblick hatten. Ich wollte lernen, die Dinge so anzunehmen, wie sie sind, ohne Wünsche und Verlangen zu verspüren, ohne ständig irgendetwas zu wollen und zu müssen. Zu meinem eigenen Wohl hatte ich während dieses ersten Aufenthalt in Burundi, dem Land der hunderttausend Hügel, vieles gelernt. Mein Herz war unruhig geworden.

## Gestärkt in die Jahre der Freiheit

1986 wurde ich aus gesundheitlichen Gründen vorzeitig in den Ruhestand versetzt: Durch die Arthrose im rechten Arm war es aus mit dem Schneidern. Doch aus dem Ruhestand sollte, im positiven Sinne, ein Unruhestand werden. Ich war frei von allem Druck, der Arbeit, der dreißigjährigen Ehe und der Familienarbeit mit vier Kindern.

Ein neues Leben mit neuen Zielen begann, und ein neuer Freund bereicherte mein Leben: Werner. Sein langjähriges Ehebündnis war ebenfalls zerbrochen, und aus unserer Freundschaft hatte sich eine tiefe Zuneigung entwickelt, die uns neue Lebensfreude schenkte. Es fiel mir zunächst schwer, mich noch mal auf ein männliches Wesen einzulassen, doch irgendwann war das Eis gebrochen, ich wurde lockerer, und die Starrheiten und Ängste wichen. Wörter wie »Sexualität« oder »Orgasmus« waren bisher Fremdwörter für mich gewesen, die in meiner Ehe nie ausgesprochen worden waren. Nun war ich fünfzig Jahre, jung genug, um mit meinem Freund Werner dieses Thema zu diskutieren, zu lernen und zu genießen.

Werner hatte einen Campingbus, mit dem wir in der Ferienzeit größere Reisen unternahmen. Mit ihm lernte ich Deutschland von Nord nach Süd und von Ost nach West kennen. Ob zu Schiffsreisen oder Wanderungen, die Reiselust steckte in ihm. England, Holland, Belgien, Frankreich, Spanien, Italien Sizilien, Kroatien, Jugoslawien, Dänemark, Norwegen waren Campingbus-Reiseziele. Als er 1985 in den Ruhestand trat, fuhren wir drei Monate mit dem Campingbus durch den Balkan, durch die Türkei und Griechenland und auf den Spuren der Apostel, womit sich Werner einen großen Traum erfüllte. Es war eine herrliche Zeit.

1984 kam Matteo noch einmal für drei Wochen zu Besuch, in Verbindung mit einer Romreise im Auftrag seines Bischofs. Er lernte

Werner kennen und schätzen und lud ihn ebenfalls ein, das Land kennenzulernen, in dem ich für ein Jahr mithelfen wollte. So flogen wir zwei in den Weihnachtsferien 1985 für drei Wochen nach Bujumbura.

Mein Versprechen, ein Jahr in Burundi bei den Behinderten zu helfen, wollte ich aber einlösen, zumal von Pater Zachäus und Matteo ständig Briefe kamen mit der Frage: *Wann kommst Du?*

Werner war gar nicht beglückt von meinem Vorhaben und versuchte es auf die emotionale Tour: »Du willst mich doch jetzt nicht allein lassen?« Aber ich ließ mich nicht umstimmen, denn versprochen war versprochen. Werner hat dann nur noch gefragt: »Darf ich dich in dem Jahr denn mal besuchen kommen?« Nun, das war noch nicht zu beantworten. Selbst *meine* Einreise musste damals von den burundischen Behörden genehmigt werden. Um diesen Antrag kümmerte sich Pater Zachäus, da er gute Beziehungen zum Ministerium hatte. Von mir verlangte man nur ein Führungszeugnis und eine amtliche Erklärung, dass ich keine finanziellen Ansprüche stellte, sondern für die Dauer meines Aufenthaltes finanziell selbst abgesichert war.

Pater Zachäus weilte gerade zu einem verdienten Kuraufenthalt in Deutschland und nutzte hier seine Verbindungen, um mir drei Container für Burundi zu packen. Stoffe, Garne, Scheren, Nadeln, Nähmaschinen, Fahrräder, einfache Sanitäranlagen und vieles mehr kamen zusammen. Pater Zachäus Knoll war in den Jahren als *der* Caritas-Mann für die Armen bekannt. Mit seinem Rückflugtermin gingen auch die Container auf die Reise, zunächst mit dem Schiff bis Dar es Salaam, dann 2000 Kilometer durch Tansania nach Burundi.

Sechs bis acht Wochen waren die Container unterwegs. Zum Schutz vor Dieben auf dem Landweg waren die Türen zusätzlich zugeschweißt worden. Ich selber trat meine Reise erst Wochen später an, deswegen bekam ich von Zachäus die Zweitschlüssel zu den Containern – falls seine abhanden kommen sollten, wie er sagte. Später erwies sich das als kluge Vorsichtsmaßnahme.

Werner brachte mich nach Brüssel zum Flughafen. Reiseroute: Flug mit der Sabena über Athen, mit Zwischenlandung, nach Bujumbura/Burundi, Zentralafrika.

Um 22.14 Uhr verließ die voll besetzte Boeing in Brüssel die Startbahn. Es war eine wolkenlose, mondhelle Nacht, und unter uns wechselten Dörfer und Städte, in deren Lichterglanz Straßen und Plätze gut zu erkennen waren. Wir flogen über die Alpen und ich freute mich am Panorama der schneebedeckten Berge, die sich im Mondlicht gleißend aus den im Schatten liegenden Tälern erhoben. Es war so überwältigend, dass ich keine Müdigkeit verspürte. Zagreb und Sarajevo wurden überflogen, Saloniki, schließlich der Anflug auf Athen. Regen, Schütteln, Rütteln, Landung um 1.50 Uhr. Aufenthalt, dann neuer Start in Richtung Süden, adé Europa. Wetterleuchten im Osten, unter mir Wolken, darunter eine Ahnung vom Mittelmeer. Später vereinzelt Lichter – Afrika! Es war 6 Uhr.

Sonnenaufgang. Der Flug über den Wolken, bizarre Gebilde im hellen Sonnenschein, unter mir der Nil, trotz des Dunstes deutlich zu erkennen. Wolken, Dunst, Nebel, und dann die vielen Hügel von Ruanda und Burundi, immer deutlicher, je tiefer die Maschine zum Landeanflug sank. Das Ziel war erreicht: Bujumbura!

Die Maschine rollte bis vor das kleine moderne Flughafengebäude. Die Ausstiegstreppe wird angeschoben. Beim Verlassen der Maschine ging ein Seufzer über meine Lippen; die Luft, die mich umhüllte, war so heiß, dass ich ein paar Minuten stehen bleiben musste, um Atem zu schöpfen. Dann sah ich schon winkende weiße Hände. Da seit der Zwischenlandung in Athen außer mir keine hellhäutige Person mehr im Flieger war, dachte ich mir schon, dass das Winken mir galt. So war es auch: Die deutschen Botschaftsleute holten mich ab, und sie erledigten auch die Formalitäten bei der Kontrolle. Dass ich sofort deutschsprachige Ansprechpartner hatte, war beruhigend.

Meine Übernachtung war bereits geregelt, und zwar im Gästehaus der Weißen Väter. Da befand ich mich auch in deutschsprachiger Umgebung, und Pater Benno Baumeister und Paul de Schmidt standen mir mit Rat und Tat zur Seite. Meine Aufgabe hatte ich klar vor Augen: Im Behinderten-Zentrum in Muyinga wollte ich bei der handwerklichen Ausbildung der Behinderten für ihre Wiedereingliederung in das allgemeine Leben ihrer Herkunftsdörfer behilflich sein.

Aber es kam alles anders.

Der plötzliche Tod des Afrikamissionars Zachäus Knoll, verursacht durch einen Raubüberfall, riss eine große Lücke in die Caritasarbeit für Burundi. Über Jahrzehnte war er der von den Bischöfen beauftragte Verwalter gewesen. Die Container mit ca. 30 Tonnen Hilfsgütern, die wir zusammen in Deutschland gepackt hatten, standen bei meiner Ankunft noch verschlossen und von der Regierung beschlagnahmt auf staatlichem Gelände. Durch die derzeit in Burundi herrschenden Spannungen zwischen Staat und Kirche gestaltete sich die Verhandlung über die Ausgabe der Hilfsgüter an die Bevölkerung schwierig. Mich und meine Absicht, für ein Jahr in Burundi tätig zu sein, hatte Pater Zachäus ja noch beim Sozialministerium vorgestellt. Mit meiner Dolmetscherin, die auch keine Kirchenfrau war, haben wir die Verhandlungen beim Ministerium geführt. Pater Benno sprach mir Mut zu; schließlich hatte ich die Schlüssel. Am Ende bat mich der Minister, mich um die Verteilung der Güter zu kümmern, da ich sowohl mit dem Inhalt der Container als auch mit den Absichten Pater Knolls vertraut sei. Ich musste Ja sagen, denn eine Freigabe der Hilfsgüter an kirchliche Institutionen war nicht möglich, wie sie zu verstehen gaben. Es gab für mich kein Wenn und Aber.

Dieses Büro musste ich später noch oft aufsuchen. Mit der Zeit ging alles ohne Dolmetscherin, mit dem wenigen Französisch und meinen Kirundi-Kenntnissen kam ich ganz gut zurecht. Man wusste im Büro schon immer, was ich wollte mit meinem Kauderwelsch. Sie waren stets freundlich, und wir haben viel gelacht.

So wurden die Container geöffnet, und ich übernahm auch die vom Staat ebenfalls beschlagnahmten Magazingebäude von Pater Knoll. Der Bischof war froh, dass eine Lösung gefunden war, und stellte mir den einheimischen Ordensbruder Bonifas zur Seite, der ein wenig Deutsch sprach, aber kein Auto fahren konnte. Es wurde beschlossen, dass mir auch Pater Knolls Auto übergeben wurde.

So fuhr ich nun über die afrikanischen Wege und die übelsten Pisten von Station zu Station. Die Regenzeit hatte dafür gesorgt, dass manche Wege zu Bächen geworden und nicht mehr erkennbar waren.

Doch diese Jahreszeit hatte auch eine gute Seite. Der Regen kam überwiegend am Spätnachmittag und in der Nacht, und am Tag war es warm, staubfrei und alles blühte und reifte. Eine Strickjacke brauchte man in der Früh und am Abend immer. Die Einheimischen hüllen sich gerne in warme Kleidung, denn in den Gras- und Lehmhütten hier in den Bergen ist es sehr feucht.

Von der Hauptstadt Bujumbura (770 m ü. NN) führt eine Teerstraße ins Gebirge bis (2290 m ü. NN) nach Muyinga (1800 m ü. NN) und Gitega (1700 m ü. NN). Dem wassergekühlten Motor des alten VW-Pritschenwagen vom Pater Zachäus gefiel das gar nicht, und er machte schon mal Schwierigkeiten. Doch das Auto mit seinem runden Rote-Kreuz-Zeichen über dem Fahrerhaus war bei der Bevölkerung überall bekannt, und wenn ich aus irgendeinem Grund nicht weiterkam, war immer Hilfe nah. In den ersten Wochen versperrte mir ein umgestürzter Baum den Weg, es war kein Weiterkommen möglich. Es dauerte nicht lange, bis eine Schar Erwachsener und Kinder mit lautem Geschrei aus allen Buschecken auf das Auto zugelaufen kam. Der Schrecken saß mir in den Gliedern, ich war alleine, ohne Bonifas. Ich konnte mich aber auch schnell wieder beruhigen, denn sie riefen alle durcheinander: »Mama Knoll, Mama Knoll!«, und jeder reichte mir seine Hand zur Begrüßung. »*Gakeje, Gakeje, Amahoro, Amahoro*«, die burundischen Begrüßungsworte. Alle Frauen wollten mich berühren, während die Männer mit Sägen und Stricken am Werk waren, um den Weg für Mama Knoll freizubekommen. Ich hatte, nach Pater Knolls Prinzip, immer einen kleinen Sack mit Altkleidern im Auto, um sie zu gegebener Zeit verteilen zu können; das war gut so und alle waren glücklich. Den Beinamen »Mama Knoll« habe ich noch für viele Jahre behalten. Es war für mich nicht so leicht, die Lücke auszufüllen, die Pater Zachäus hinterließ, aber tief in meinem Inneren fühlte ich, dass er mich noch immer begleitete.

In Bujumbura hatte ich eine bescheidene Schlafstelle, auch in Gitega und Muyinga oder irgendwo in einem Schwesternhaus, wenn ich unterwegs war zu den verschiedenen Paruassen, bis der größte Teil aus den Containern verteilt war. So lernte ich, von Ost nach West und von

Nord nach Süd, das Land kennen, sehr viel in Begleitung, aus Sorge vor einer Autopanne. Die Menschen waren arm, aber freundlich und hilfsbereit mir gegenüber. Ich dachte oft an den Ausspruch vom Pater Otmar bei meinen ersten Besuch 1980 in Mutumba: »Wenn der Burundier dich einmal angenommen hat, dann kannst du dich hier bei ihnen fühlen wie in Abrahams Schoß.«

Nach den ersten drei Wochen in Bujumbura bot mir die deutsche Familie Kuntze ein Quartier in ihrem Haus am Tanganyjika-See an, wenn ich in Bujumbura war. Das Angebot nahm ich freudig an. So brauchte ich nicht mehr in dem turbulenten Gästehaus zu übernachten und jedes Mal ein anderes Zimmer zu beziehen. Dieter Kuntze war vor vielen Jahren nach Burundi gekommen. Er war ein Flüchtling aus der DDR, wo sein Vater eine Seifenfabrik besaß, die aber vom DDR-Staat in Besitz genommen worden war. Auch Dieter Kuntze hatte das Handwerk des Seifenmachens erlernt und hier in Burundi aus dem Nichts mit primitivsten Mitteln eine Seifenproduktion begonnen. Er und Pater Zachäus Knoll waren gute Freunde gewesen und hatten einander geholfen, wo sie nur konnten. Seine Frau Lydia war mit den Ärzten ohne Grenzen in Uganda gewesen und leistete jetzt in Bujumbura wieder viel selbstlose Hilfe, trotz ihrer zwei Kinder. Mit diesen beiden entwickelte sich eine ebenso gute familiäre Freundschaft wie zuvor mit Pater Zachäus, und ich profitierte sehr von ihren langjährigen Erfahrungen mit Land und Leuten.

Die holländischen Schwestern hatten mir im Behinderten-Zentrum Muyinga ein sehr schönes Zuhause vorbereitet, wo ich mit dem Caritas-Magazin und mit der Nähschule für die Behinderten in Doppelfunktion arbeiten konnte. Die Essenszeiten und meine Freizeit verbrachte ich in der holländischen Missionsgemeinschaft der Diözese Muyinga mit Sr. Klara, Sr Augustine, Sr. Angela und Sr. Agnes. Auch mit ihnen verband mich eine enge Freundschaft und es wurde eine wunderbare Zeit. Viele gemeinsame Wochenenden konnte ich mit ihnen verbringen und mit ihnen herrliche Ausflüge unternehmen, trotz der vielen Arbeit in der Station.

# Der lautlose Krieg gegen die Kirchen im »Land der tausend Hügel«

Burundi ist eines der kleinsten Länder Afrikas. Der Kleinstaat, zwischen Ruanda, Zaire und Tansania gelegen, zählte zu der Zeit 4,5 Millionen Einwohner in den dicht besiedelten Gebieten des Schwarzen Kontinents. Er ist nur ein wenig größer als das Bundesland Hessen, mit ca. 70 % getauften Christen. In Burundi, zur Kaiserzeit einmal zu »Deutsch-Ostafrika« gehörend, lebte in grauer Vorzeit in den idyllischen Hügeln östlich des Tanganyika-Sees nur das Pygmäenvolk der Batwa. Dazu kamen dann die Bahutu, ein Ackerbau treibendes Bantuvolk.

Im 15. und 16. Jahrhundert wanderten aus dem Nordosten die hamitischen Hirtenvölker der Batutsi ein. Als gegen Ende des vorigen Jahrhunderts die ersten Europäer nach Burundi kamen, waren die körperlich groß gewachsenen Batutsi die absoluten Herrscher. Die Kolonialherren – zuerst Deutsche, später die Belgier – bevorzugten eindeutig die Batutsi. Auch die Kirchen, deren Evangelium bei beiden Volksgruppen auf fruchtbaren Boden fiel, schienen die Batutsi vorzuziehen. Die Mehrzahl der Priester und, mit einer Ausnahme, alle Bischöfe entstammten der herrschenden Batutsi-Minderheit. Die Missionare hatten ohne Frage jahrzehntelang Großartiges geleistet. Ihre Missionsstationen schienen wie feste Burgen Gottes, für die Ewigkeit gebaut, Zivilisationsinseln mit Schulen, musterhaften Farmbetrieben, Krankenhäusern und Werkstätten. Doch ihre Mauern waren offensichtlich solider als der Glaube. Die allzu schnell wachsende Kirche musste erkennen: Das Taufen allein hatte noch keine wirklichen Christen gemacht. 1972, zehn Jahre nach der Unabhängigkeit, kam es zu Unruhen, die Batutsi-Minderheit hatte Angst um ihre Vormachtstellung. Mit unvorstellbarer Grausamkeit rottete die von den Batutsi beherrschte Armee und Parteimiliz nahezu die gesamte Elite der Bahutus aus, darunter auch einen Teil der Bahutu-Priester. Schätzungsweise sind 200.000 Bahutus ums Leben gekommen.

Die Schwestern-Gemeinschaft, mit der ich das erste Jahr in Muyinga zusammenlebte, hatte diese furchtbaren Ereignisse miterlebt. Es war auch jetzt, fünfzehn Jahre später, wieder sehr am Köcheln unter dem Regime von Bagaza, einem engen Freund von Gaddafi.

In Gesprächen unter uns Europäern war immer Vorsicht geboten: Die Bezeichnungen »Bahutu« und »Batutsi« haben wir stets vermieden. Die kleinwüchsigen Bahutu mit dickerem Gesichtsknochen, dickeren Lippen und breiter Nase nannten wir in unseren Gesprächen »die Kleinen«, die großwüchsigen, schlanken Batutsi mit schmalen Lippen und schmaler Nase »die Großen«. Das große Massaker hatte viele Frauen zu Witwen und Kinder vaterlos gemacht. Die Seelen der Hinterbliebenen waren krank, und es gab in der Bevölkerung unermessliches Elend und Leid. Die Angst war allgegenwärtig. Immer mehr Missionare mussten innerhalb von zwölf Stunden das Land verlassen, ohne ihr Gepäck und ohne Auto, von der Miliz bis ins Flugzeug abgeschoben. Der Name »Gott« durfte nicht mehr genannt werden. Christen durften sich während der Woche erst mal nicht mehr treffen.

Dann kam das Schlimme für die Kinder. Unsere Nachbarin hat es uns erzählt:

Bibiana Hakizimana hielt beim Stampfen des Hirsebreis erstaunt inne. Was war das? Michael, ihr Sohn, war doch erst vor einer knappen Stunde in die Schule gegangen, und jetzt kam er schon wieder zurück? »Mama!«, rief der Dreizehnjährige aufgeregt, »stell dir vor, die Schule war zu. *Ferme*, stand auf einem Papier an der Tür. Und auch morgen und übermorgen kann ich nicht in die Schule, hat unser Lehrer gesagt. Vielleicht nie mehr«, sprudelte Michael hervor.

Was Michael nicht wusste, war, dass an diesem Morgen an allen 238 christlichen Schulen Burundis das gleiche Schild gehangen hatte: FERME! – Geschlossen! 350.000 Schüler waren wie Michael verstört nach Hause gelaufen und hatten die schlimme Nachricht überbracht. In den kleinen, strohgedeckten Hütten, die sich überall auf den Hügeln des kleinen zentralafrikanischen Berglandes im satten Grün der Bananenhaine wie braune Tupfen ausmachten, herrschte Sprachlosigkeit und Betroffenheit. Dieser Schlag gegen die Kirchen war gewaltig. Sechs Knabenseminare, die von der Kirche unterhalten wurden, wurden verstaatlicht, das heißt enteignet.

Schwester Klara von der Gemeinschaft, mit der ich zusammenlebte, fand eilig eine gute Lösung. Der einheimische Orden der Bene Maria war noch sehr jung, und so wurde verhandelt, dem Orden das Behinderten-Zentrum mit allem Inventar als Geschenk überschrieben. Der Orden musste nur noch eingearbeitet werden.

Dann, über Nacht, kam die Miliz und sie mussten das Land verlassen. Es war ein Schock für uns alle. Nur ich konnte bleiben, weil in meinen Papieren keine Kirchenzugehörigkeit stand. An diesem Tag wollten die afrikanischen Schwestern kommen, um sich einführen zu lassen. Die holländischen Schwestern waren glücklich, dass für mich keine Ausweisungsgefahr bestand. So arbeiteten wir die neuen afrikanischen Schwestern im Team mit den großen Kindern ein.

Die Kirchen waren geschlossen worden.

Der Konflikt ist nur auf dem Hintergrund der Stammes-Zugehörigkeiten verständlich. 85 % der Bevölkerung gehört zum Stamm der Bahutu, 15 % sind Batutsi. Diese Minderheit hat jedoch die Schlüsselpositionen des Landes inne. Alle Provinz-Gouverneure sind Tutsi, ebenso 18 der 22 Minister. Nur 7 der 65 Parlamentsabgeordneten gehören dem Stamm der Mehrheit an. Im kirchlichen Bereich ist es ähnlich, und sie ist sich dieses Missverhältnisses sehr bewusst. Die Regierung befürchtet deshalb, dass der Bahutu-Mehrheit durch die Kirchen zu mehr Einfluss verholfen wird. Durch ihre gute Organisation und ihre finanziellen Möglichkeiten sind die Kirchen zweifellos die einflussreichste Macht im Land. Darin sieht die Regierung eine Gefahr, obwohl die Bischöfe beider Konfessionen immer wieder ihre Loyalität dem Staat gegenüber versichern.

Die Hintergründe der ganzen Misere im Land erfuhr ich in unserer Gemeinschaft, und was ich hörte, beunruhigte mich sehr.

Ich war nun allein mit den drei afrikanischen Schwestern. Französisch konnte niemand von uns, trotzdem kamen wir gut mit meinen bescheidenen Kirundi-Kenntnissen zurecht. Die Schwestern wurden überall eingespannt, auch für die Gottesdienste, denn es gab kaum noch Geistliche. Auf den Hügeln bildeten sich kleine Basisgruppen, die wie ein Netz das ganze Land umspannten. Hier trafen sich die Christen zu Wortgottesdiensten, die unsere Schwestern mit ihnen hielten. Aber niemand konnte Auto fahren. So war ich sonntags den ganzen Tag mit den Schwestern unterwegs zu den vielen kleinen Gemeinden, wo schon immer eine große Schar Christen auf sie wartete. Die Schwestern wurden mit Sorgen und Nöten, Fragen und Ängsten überschüttet. Verstehen konnte ich die vielen Gespräche nicht, aber Mimik und Gesten der Menschen verrieten alles.

Während der Woche machte eine Schwester mit mir dann die Krankenbesuche, die an den Sonntagen festgelegt worden waren. Das kleine kirchliche Hospital, das zu unserer Behinderten-Station gehörte, war verstaatlicht worden und geschlossen. Und täglich passierten unfassbare Dinge, unter denen das ganze Land zu leiden hatte. Aus reiner Willkür und ungerechten Beschuldigungen heraus gab es Hausdurchsuchungen durch die Milizen und das Militär, und viele kamen unschuldig ins Gefängnis.

Dann, am 3. September 1987, rüttelte uns eine Radiodurchsage auf: »Coup d'etat!« Staatsstreich! Ein großes Aufatmen ging durch die Bevölkerung nach dieser schweren Zeit. Der damalige Präsident, Bagaza, befand sich auf der Rückreise von einem Kongress der frankophilen Nationen in Kanada. Man verwehrte ihm die Landeerlaubnis in Bujumbura. Pater Benno Baumeister war zu dieser Zeit in der Hauptstadt, er war zum Pater Regional der Weißen Väter gewählt worden. Sein Vorgänger hatte das Land verlassen müssen, würde aber nun bald zurückkommen. Pater Benno berichtete uns, dass der Staatsstreich ohne Blutvergießen verlaufen war. Major Buyoya, der im Gefängnis gesessen hatte, übernahm mit dreiunddreißig Offizieren die Regierung und sorgte für Ruhe und Ordnung. Die überwiegende Teil der Bevölkerung war über diese Wende sehr erfreut.

In seiner Antrittsrede, die im Radio in der Landessprache Kirundi und in Französisch gehalten wurde, versprach der neue Präsident auch die Beziehung zu den Kirchen zu regeln und ihren Aktionsraum wieder zu erweitern. Alle Anweisungen der Bagaza-Regierung wurden sofort unwirksam. Nach kurzer Zeit konnten die Christen wieder frei arbeiten. Vor lauter Freude darüber füllten sich Kirchen, saalähnliche Großhütten und ihre Vorplätze mit betenden, tanzenden und singenden Christen. Überall herrschte Aufbruchstimmung. Trotzdem merkte man diese innere Rassenunruhe bei verschiedenen Begegnungen. Umso mehr begrüßten wir bei diesem Wandel, dass der neue Präsident Bojoja jede Veranstaltung mit dem Satz begann: »Wir sind nicht Hutu, nicht Tutsi, nicht Batwa – wir sind Burundier, *ein* Volk und *eine* Sprache.«

Dies war der Anfang für sein Volk, den unterschwelligen Rassenhass in den Köpfen zu beenden. In den Schulen wurde dieser Spruch vor Unterrichtsbeginn zu einer Art Gebet. Alle außenstehenden Europäer und die zurückkehrenden Missionare erhofften für dieses kleine Land endlich gegenseitigen Respekt, Toleranz und das Ende der Unterdrückung. Doch wie sich Jahre später zeigen wollte, war dies nur ein frommer Wunsch.

Der Expräsident Bagaza hat zwischenzeitlich mehrere Versuche unternommen, wieder nach Burundi einzureisen. Einmal saß er im Flugzeug nach Burundi, mit Kopftuch und Burnus als Araber verkleidet, wurde aber von unseren drei holländischen Schwestern, die auch wieder zurückkamen, erkannt. Er und elf seiner Anhänger, die verstreut im Flugzeug saßen, mussten wieder zurück nach Brüssel fliegen und bekamen einen Exilort angewiesen. Trotzdem unternahm Bagaza noch verschiedene Versuche, ins Land zu kommen, aber immer ohne Erfolg, bis er bei seinem Freund Gaddafi in Libyen bleiben konnte.

# Rückkehr der Schwestern-Gemeinschaft

Sr. Klara als geistige Oberin der Gemeinschaft, Augustine für die Versorgung und Betreuung der vierzig bis fünfzig körperlich Behinderten und Magarete für den Außendienst der Gemeinde Muyinga in der Kranken- und Armenversorgung waren wieder täglich mit dem Auto unterwegs. Die Vierte im Bunde, Sr. Angela, die viele Jahre für die Ausbildung der Behinderten in der Nähschule tätig gewesen war, kam aus Altersgründen im 80. Jahr auf Anordnung ihres Ordens nicht mehr zurück. Eigentlich hatte sie ihre letzte Ruhestätte in Muyinga haben wollen, wo sie 45 Jahre tätig gewesen war und wo sie auch fließend die kirundische Sprache sprechen gelernt hatte, wie viele Missionare aus Europa, die ihre ganze Lebenskraft und Energie in dieses Land steckten, um zu helfen, wo die Not am größten war.

Mit der Zeit hatte ich jedoch erkannt, dass nicht alles Elend zu beheben war, vor allem in den Wochen, in denen ich als einzige Weiße auf der Station war und den sogenannten Caritasdienst von Sr. Margarete übernahm.

Der damalige Bischofsvikar der Diözese Muyinga, Simon Tamwana, hatte eine Zeit in der deutschen Missionsstation im Gitaramuka-Hospital gelebt. Er beherrschte die deutsche Sprache perfekt und war mir in jeder Lage der Bagaza-Zeit ein guter Berater und Helfer. Es entstand eine tiefe Freundschaft, die bis heute, wo er Erzbischof von Burundi mit Sitz in Gitega ist, Bestand hat. Als ich ihm nach seiner ersten Wahl zum Bischof von Bujumbura gratulierte und sagte: »Dann muss ich ab jetzt ja wohl *Exzellenz* sagen«, da meinte er nur: »Das sind doch nur weltliche Titel, die für unsere Freundschaft nicht gelten. Ich bitte dich und alle meine echten Freunde nur: Betet für mich, dass ich dieses schwere Amt nach besten Kräften ausführen werde.«

Und so blieb es bei *Simon* und *Hannelore*.

Heute, im Nachhinein betrachtet, war es eines der schwersten Ämter zu dieser Zeit – mit all den Morddrohungen und Ausweisungsversuchen nach seinen Predigten über Frieden und Vergebung während der immer wiederkehrenden Rassenstreitigkeiten in seinem Land. Er selbst kommt aus einer Bahutu-Familie, und als solcher war er natürlich dem Herrscherstamm der Batutsi ein Dorn im Auge.

Nun, meine Muyinga-Zeit ging weiter. Da Sr. Angela nicht zurückgekommen war, lag die Ausbildung der behinderten Jugendlichen in der Schneiderei nun in meiner alleinigen Verantwortung. Die Frage des einheimischen Ordens der Bene Maria, ob ich ihnen helfen könne, eine Novizin anzulernen, bejahte ich gern. Es war Jane-Rose, neunzehn Jahre jung, sehr aufgeschlossen und lernfähig. Sie ist heute in ihrem Orden Leiterin der Näh- und Broderieklassen in Ngozi. Eltern hatte sie nicht mehr, und als sie als Schwester dann feierlich in den Orden eintrat, war ich als ihre Ersatzmutter geladen, zu ihrer größten Freude, aber auch zu meiner. Bis heute beschenkt sie mich mit den traditionell bestickten Decken.

In der Muyinga-Nähstube entwarfen wir als Erstes eine praktischere Schulkleidung, die eine Voraussetzung für die Zulassung zum Schulbesuch war. Vor allem sollte die Schulkleidung ohne Knöpfe und Knopflöcher auskommen, denn die waren ständig ausgerissen, eingerissen und zerfetzt. Die Frauen, an die derbe Landarbeit gewöhnt, konnten kein Gefühl für Nadel und Faden entwickeln, zumal bei den kurzen Tagen – morgens um sechs Uhr Tagesanbruch und abends um sechs Uhr Nacht – das Feuer, auf dem am Abend die einzige Mahlzeit für die Familie gekocht wurde, eine unzureichende Lichtquelle war; Elektrizität war ja ein Fremdwort in den Hütten.

Die neuen Modelle in den verschiedenen Größen waren vorne bis in Höhe der Brustpasse geschlossen, ohne Naht, ab Brustpasse in der Mitte geöffnet, mit einem drei Zentimeter aufliegenden Reverskragen. In diese Schulkleidung konnten die Kinder bequem hineinschlüpfen. Es erwies sich als eine gut angenommene Sache, die uns weitere Schulkleidungs-Aufträge einbrachte. Mit den Gebrauchtkleidern und Stoffen aus den Containern aus Deutschland hatten wir eine gute Arbeitsgrundlage, die es uns ermöglichte, die Kleider in der kleinen Boutique preiswert zum Verkauf anzubieten.

Aber das unterschwellige Kochen in der Bevölkerung – trotz des Spruches, den die Schüler auf Kommando zitierten: »Wir sind nicht Hutu, nicht Tutsi, nicht Batwa, wir sind Burundier« – war nicht zu leugnen. Die Herrscherrechte der Tutsi-Familien wurden den Kindern bereits vom ersten Schultag an mitgegeben. Ich wollte es zunächst nicht glauben, aber das Schulwegbild zeigte es mir eindeutig: Ein Tutsi-Junge trug seine Schulmappe nicht selber, sondern hatte einen »Kleinen« als Träger neben sich hergehen. Und bei Prüfungen wurden »die Großen« bevorzugt, bei gleichen Leistungen. Dass das auf Dauer nicht gutgehen konnte, war zu ahnen, wurde aber nicht ausgesprochen.

Mein Lebensgefährte Werner hatte seinen Besuch angekündigt, was mit allgemeiner Begeisterung aufgenommen wurde. Ein Besuchervisum für einen Monat hatte er bereits in der Tasche, worüber wir beide sehr glücklich waren. Mit der Einreise gab es inzwischen keine Probleme mehr.

Werner wurde von unserer Gemeinschaft und den Kindern mit Freude aufgenommen. Für die Kinder war er im Nu ein richtiger Opa geworden, der sehr liebevoll mit ihnen umging, und das spürten die Kinder, sie spielten und lachten zusammen. Viel später erzählte Werner mir, dass er sich über sich selbst gewundert habe, wie unbefangen er mit den zum Teil verkrüppelten und entstellten Kindern habe umgehen können. In Deutschland hatte er immer Probleme mit Behinderten und Berührungsängste, was bei diesen lebenslustigen und freundlichen Behinderten nicht der Fall war. Im Gegenteil: Es war für ihn, wie er sagte, eine wunderbare positive Erfahrung.

Eine Woche haben wir zusammen mit dem Auto Ruanda bereist. Vom Kivu-See, wo es ein Missionarserholungshaus gab, weiter durch den Nationalpark, später noch durch den Gorillapark im damaligen Zaire. Es waren einmalige Erlebnisse.

Beim Betrachten der dicken Fotoalben lasse ich diese schöne Zeit bisweilen noch einmal an mir vorüberziehen. Ohne meinen reiselustigen Werner hätte ich die Schönheiten Afrikas außerhalb von Burundi nicht erlebt. Ein paar Monate später wäre dieser Reisewunsch nicht mehr zu erfüllen gewesen, denn die Situation in Burundi spitzte sich immer mehr zu. Trotzdem fragte der Bischofsvikar Simon Werner, mit dem er sich bereits angefreundet hatte, ob er in Kanyinya ein Ziegen-Projekt für das Behinderten-Zentrum der Diözese durchführen und beaufsichtigen wolle. Werner sagte zu, zumal er bereits wusste, dass ich nach diesem einen Jahr nicht zu Hause bleiben würde. Doch zunächst flog er wieder zurück mit seinen vielen Eindrücken und Fotos. Mit Diavorträgen über seinen Aufenthalt sammelte er Spenden, für die ein Konto bei den Weißen Vätern eingerichtet worden war, dessen Buchführung er sehr gewissenhaft durchführte.

Die Bitte des Generalvikars Simon, mich um die Nähstube des Behinderten-Zentrums in Kanyinya zu kümmern, hatte ich nicht abschlagen können. Die deutsche Botschaft sorgte sich um mich und vermittelte den damals neu eingerichteten Senior-Experten-Service für meine Tätigkeit in Burundi.

So kam es, dass ich nach dem ersten freiwilligen Jahr offiziell als Senior-Expertin für Deutschland den ehrenamtlichen Dienst in Burundi verrichtete. Dadurch war ich auch versicherungstechnisch abgesichert, falls mal etwas passieren würde.

Erst flog ich jedoch für ein paar Wochen nach Deutschland zurück. Aber die ganze Zeit waren meine Gedanken in Burundi. Da ich einen umfassenden Überblick darüber hatte, welche Hilfsmaßnahmen in der verwaisten Station Kanyinya am dringlichsten waren, arbeitete ich mit Werner eine Reise durch Deutschland aus. Werner hatte nach seinem Besuch in Muyinga in Deutschland schon viele Kontakte für Hilfsmaßnahmen geknüpft. Und so fuhren wir, den Diaprojektor, zahllose Dias und Bildtafeln im Gepäck, mit dem Campingbus als Erstes von Kassel nach Stuttgart, der Heimat von Pater Zachäus Knoll. Die vielen Wohltäter, die Pater Knolls Arbeit in Burundi seit Jahren unterstützten, waren an meinen Berichten sehr interessiert. Das erste Treffen galt dem Landtagspräsidenten Erich Schneider, bei dem Erfahrungsaustausch und Erörterung der Probleme im Vordergrund standen. Werner stellte sein bebildertes und mit vielen Original-Kommentaren verfasstes Burundi-Buch vor, das nach seinem Besuch in Muyinga entstanden war und großen Anklang fand. Erich Schneider ließ es sich nicht nehmen, eine Widmung hineinzuschreiben, mit der er meinen Einsatz in Burundi würdigte. Dann machte mir Werner das Buch zum Geschenk, und meine Freude war groß. Der Landtagsdirektor, Dr. Walter Schmidt, hatte es zuvor kopieren lassen.

Mit der Zusage des Landtags, beim nächsten Containertransport Krücken mitzuliefern, ging die Reise weiter nach Singen. Herzliche Aufnahme bei der Familie Franz Knoll, ebenso herzlich die Gespräche. Franz, ein Enkel des verstorbenen Onkels von Pater Zachäus, hatte den Abend in der Herz-Jesu-Gemeinde gut vorbereitet. Im voll besetzten Saal hielt Werner den Diavortrag über meine Arbeit als »Mama Knoll«, wie ich in Caritas-Kreisen in Burundi immer noch genannt wurde. Über Art und Umfang unserer Pläne für die zukünftige Hilfe in Burundi wurde noch lange diskutiert. Die Spendenbereitschaft zeigte sich dann auf dem Konto der Weißen Väter, das wir für die Projektbelange eingerichtet hatten. Durch Pater Benno Baumeister von den Weißen Vätern in Burundi war der Spendengeldverkehr ohne jegliche Abzüge bestens gewährleistet.

Es ging weiter nach Tübingen, zum »Tropenheim«, dem deutschen Institut für ärztliche Mission. Hier wurde eine Bestellung aufgegeben, auch für das Krankenhaus in Gihanga, in dem die Neusser Schwestern arbeiteten. Das Institut ist eine Einrichtung der Evangelischen Kirche, das aber auch bereit ist, für andere kirchliche Projekte Hilfe zu leisten. Am Nachmittag waren wir in Hechingen bei der Familie von Rosa Golias, der Schwester von Pater Zachäus Knoll. Ich hatte Bilder von der Beerdigung ihres Bruders in Gitega mitgebracht, und es gab viel zu berichten. Am Abend wieder im voll besetzten Pfarrsaal Werners Diavortrag mit vielen Erklärungen meinerseits. Es war gut, dass wir zu zweit waren, angesichts dessen, was alles zu bewältigen war. Wir waren ein gutes Team, wie man so sagt, und sehr zufrieden mit dem großen Interesse unserer Zuhörer. Von Hechingen fuhren wir nach Rottenburg zum Bischöflichen Ordinariat für weltkirchliche Aufgaben. Mit den zuständigen Gesprächspartnern wurde darüber verhandelt, was in Zukunft für Burundi möglich sei. Es sollte jeder Einzelfall auf Antrag hin entschieden werden. Wichtig war es, die alten Verbindungen von Pater Knoll wieder aufleben zu lassen. Auf dem Weg noch ein Besuch in Freiburg beim deutschen Caritas-Verband, wo ebenfalls Freunde von Pater Zachäus warteten, dann ging es weiter nach Ulm zu dem Prokuristen der Firma Gläser, mit deren Hilfe Pater Knoll immer die Container verpackt und verschifft hatte. Hier erfuhren wir, dass noch eine offene Rechnung zu begleichen war. Werner und ich beschlossen, uns in Zukunft für solche Unternehmungen als Erstes einen Kostenvoranschlag machen zu lassen, denn nicht immer würde ein großzügiger Spender die Kosten übernehmen. Gemeinsam wuchsen wir in die Nachfolge von Pater Zachäus hinein. Werner als Ruheständler war in Deutschland mit all den Verhandlungen, schriftlichen Anträgen und der Information der Wohltäter voll beschäftigt, eine Aufgabe, die ihm Freude machte. Ich war nach meinen ersten Urlaub wieder vor Ort in Burundi und jetzt im Behindertenhaus Kanyinya.

Das Caritas-Magazin, das sich in Muyinga auf dem Gelände des Economas befand, war eine große Hilfe für den Neuanfang in Kanyinya. Gebrauchte Nähmaschinen, Garne, Stoffe, Scheren und vieles dergleichen mehr waren jetzt willkommen. Was fehlte, musste in der Hauptstadt bei den indischen Kaufleuten besorgt werden, was drei Stunden Autofahrt bedeutete. Der Antrag in Freiburg für ein Auto, mit dem die Behinderten zu ihren Behandlungen und Operationen in das Hospital nach Gitega gefahren werden konnten, wurde genehmigt, und ich erwarb in der Stadt einen Toyota-Bus für das Zentrum. Aber wie überall: Keine der Schwestern konnte Auto fahren. »Oma«, wie die Kinder mich nannten, war Mädchen für alles.

Nach dem Abendessen bei Kerzen- oder Petroleumlicht lagen um 20 Uhr alle im Bett. Doch selbst bei Licht wäre ich nicht mehr fähig gewesen, zu lesen oder meine Französischkenntnisse zu vertiefen. Eine der jungen Schwester war sehr aufgeschlossen für die deutsche Sprache, was mir ein unterhaltsames Lernen ermöglichte. Auch mein Kirundi wurde durch die Arbeit mit den Kindern zusehends besser.

Auf die Schreibtafel in der Nähwerkstatt wollten die Kinder auch alle Begriffe von mir in Deutsch geschrieben haben. Das Erste, was sie konnten, war: »Oma, Maschine kaputt.« Es war ja auch schwierig, die Spulen einzusetzen und den Faden von der richtigen Seite einzufädeln, wenn man noch nie im Leben so eine Zaubermaschine gesehen hatte. Aber sie waren wissbegierig und wollten etwas lernen, und deswegen machte mir das Vermitteln viel Freude mit den Kindern und Jugendlichen. Zwei Jugendliche wurden schnell für das Zuschneiden angelernt, damit ich entlastet war, denn ich hatte viele Besorgungsfahrten zu erledigen.

Als ich den Bescheid von der deutschen Botschaft bekam, dass der Senior-Experten-Service Werners Entsendung für sechs Monate zugestimmt hatte, war ich glücklich, trotz der schwelenden Gefahr einer Stammesfehde. Es war in den ersten August-Tagen 1988, als ich von seinem Kommen erfuhr. Sein Einreisetag für den Einsatz im Norden des Landes, in Kanyinya, war auf den 27. August bis ca. 27. Februar 1989 festgelegt.

Meine Freunde in Bujumbura und die deutsche Botschaft sorgten sich mehr um mich als ich selber während meiner Fahrten von Norden durch das Gebirge bis zur Hauptstadt, wegen der vielen Militärkontrollen, die von der Minderheitsgruppe der Tutsi durchgeführt wurden und von den Zivilkontrollen der Hutu, die beim Durchfahren der Dörfer mit einem Haltestrick Personen- und Güterkontrollen vornahmen. Hätte ich einen Tutsi als Beifahrer gehabt, hätte ich automatisch als Tutsifreund gegolten, säße ein Hutu neben mir, hätte man mich für einen Hutu-Freund gehalten. Um Unannehmlichkeiten aus dem Weg zu gehen, fuhr ich daher immer alleine. Wenn ich meinen deutschen Pass zeigte, wurde ich durchgewunken. Eine negative Begegnung habe ich nie erfahren. Mein Auto hatte eine rote Nummer und war von der Botschaft mit großen Aufklebern der Fahnen Burundis und Deutschlands versehen worden, dazu die Aufschrift *Cooperation Allemagne – Burundi*. Vom Ministerium bekam ich noch ein Zusatzschild: *Order de Mis-*

*sion*. Auf der Route war das Auto dann schon bekannt, die Straßensperren wurden geöffnet und ich wurde kaum noch kontrolliert.

Nach dem 15. August 1988 überschlugen sich die Ereignisse. Tausende Christen zogen aus allen Himmelsrichtungen nach Mugera zum Himmelfahrtsfest und zur Marienverehrung. Ein Außenstehender wie ich konnte wirklich nur Gutes denken: *Wir sind nicht Tutsi, wir sind nicht Hutu, wir sind nicht Batwa, nein, wir sind Burundier* – das schien in den Köpfen der Menschen angekommen zu sein. Die Klänge der Gebete und Gesänge auf dem Berg von Mugera durchzogen die Hügel und Täler.

Dann kam die Nacht. Durch Schreie von Kindern und Erwachsenen, Jammern, Hämmern und Klopfen an unserem Eingangstor wurde ich aus dem Schlaf gerissen. Die Schwestern kamen in mein Zimmer und mahnten mich mit angstvoller Stimme: »Oma, Oma, *reste isi e Porte verme!*« (»Oma, Oma, bleib hier und lass die Tür zu!«) Im Dunkeln zog ich mich an und saß auf der Bettkante, das Herz schlug mir bis zum Hals. Eine Schwester kam und sagte: »Oma, *ingo*.« (Oma, komm.«) Unser Haus lag auf der obersten Anhöhe von Kanyinya. Trat man aus dem Vordereingang dieses Schwesternhauses, lagen die kleinen, aneinandergereihten Häuser für die Kinder und die Wirtschaftshäuser im großen Quadrat vor einem ausgebreitet. Der Innenhof war durch Blumenbeete, zwei Avokatus- und Papageien-Bäume sehr schön eingeteilt. Alles bestand aus gebrannten Backsteinen, die noch aus der ersten Missionarszeit der damaligen Deutschen stammten. Von unserem Wohnhaus auf der Anhöhe hatte man einen überwältigender Ausblick auf die hügelige Landschaft mit ihren hellgrünen Bananenhainen, silbrigen Eukalyptusbäumen, dunkelgrünen Maniokfeldern und den mit Stroh bedeckten Hütten der Burundier. Dieses Farbenspiel, über dem sich ein klarer blauer Himmel mit kleinen weißen Wolkengebilden wölbte, die Ruhe und Stille, nur dann und wann vom Singen eines Vogels unterbrochen, weckten in mir immer das Gefühl, mitten im Paradies zu sein. In meiner neuen Umgebung empfand ich Glück und Zufriedenheit. Der Sternenhimmel in der Nacht, wenn ich mit meiner Taschenlampe aus dem Hinterausgang zu dem kleinen Toilettenhäuschen ging, faszinierte mich immer wieder aufs Neue, er war heller und klarer als bei mir zu Hause und schien eine größere Vielfalt an Sternenfiguren zu haben.

Aber in dieser Nacht sah alles anders aus. Die Rauchwolken, die ich bei den Hütten erblickte, rührten nicht vom Kochen der Nachtmahlzeiten her. Nein, die Hütten brannten, und der Lärm von Knüppelschlägen und durchdringende Schreie klangen schaurig durch die Nacht. Dann dröhnten die Maschinengewehren, für uns das Zeichen, dass eine Militärtruppe da war. Mir wurde es warm und kalt, an Schlaf war nicht mehr zu denken.

Am frühen Morgen erfuhr ich das Ausmaß der Geschehnisse. Die Schulgebäude der Station lagen direkt an der Mauer unseres Zentrums, und hierher waren die Menschen geflüchtet, mit einem kleinen Beutel Habseligkeiten oder ohne alles. Verwundete lagen auf den Schultischen und auf der Erde, wo sie sich gegenseitig versorgten. Alle waren wir wie versteinert. Hier in den Klassen sah ich nur, dass Hutus und Tutsi angstvoll zusammenkrochen. Irgendwie war es gut, dass ich nicht alles verstand hier in Kanyinya, wo ich nur mit den einheimischen Schwestern zusammen war, während in Muyinga die Deutsch sprechenden holländischen Schwestern waren. Nur eines wusste ich: Es war kein Ende der Stammesfehde in Sicht. Der Rassenkonflikt zwischen viehzüchtenden Tutsi und ackerbauenden Hutus war wieder aufgeflammt.

# Die Wiederholung des biblischen Kampfes zwischen Kain und Abel

Die Brutalität dieses Kampfes ist kaum zu schildern. Als ich mit einer Schwester und einem Flüchtlingsmädchen am nächsten Tag zu den einzelnen Hütten ging, um nach Bekannten zu sehen, fanden wir nur leere, verwüstete und noch qualmende Hütten vor. Und überall Leichen, teilweise verstümmelt, eine junge Frau, die man enthauptet hatte, lag seitlich im Gebüsch, ihr Kind noch auf dem Rücken unter einem Tuch. Die Frau erkannten wir sofort. Sie hatte bestimmt noch in die Kirche flüchten wollen, sie aber nicht mehr erreicht. Das Kind unter dem Tuch gab keinen Laut von sich, lebte aber noch, es mochte sieben oder acht Monate alt sein. Wir nahmen es auf dem kürzesten Weg mit in unser Haus, wo dieses kleine Würmchen sogleich versorgt wurde. Später ist es zu den holländischen Schwestern nach Muyinga gekommen, weil sie für so kleine Kinder besser ausgerüstet waren.

Solche grauenhaften Massaker gab es nicht nur bei uns im Norden von Burundi, nein, sie wüteten im ganzen Land, und es starben Tausende von Menschen. In den Zeitungen in Deutschland wurde von 24.000 Toten berichtet. 1972 waren bei den Stammesfehden 100.000 Hutus von Tutsi ermordet worden. Dieses Mal gelang vielen aus dem Norden noch die Flucht nach Ruanda, wo die Mehrheit der Hutus auch die Regierung bildet.

Es begann eine schwere Zeit. Die vielen Flüchtlinge vor unserer Tür brauchten Decken, Bohnen und Maniok, ihre Grundnahrung. Keiner wollte auf sein Land zurück, die Angst war zu groß. Überall patroullierte Militär, das für Ruhe und Ordnung sorgen sollte. Wenn Maschinengewehrschüsse die Stille der Nacht zerfetzten, wussten wir, dass wieder Auseinandersetzungen beendet wurden. Die Regierung hatte ab 18 Uhr eine Ausgangssperre verhängt.

Zwei Tage nachdem die Flüchtlinge zu uns gekommen waren, fuhr ich früh am Morgen nach Bujumbura zur Botschaft. Auf den Straßen herrschte eine Ruhe, wie ich sie noch nie erlebt hatte. Die Kontrollen ließen mich passieren. Das sonst so emsige Leben in der Stadt war geduckt und still. Selbst bei der Botschaft herrschte noch Sprachlosigkeit. Zur Sicherheit bekam ich noch ein Dokument mit auf den Weg, das mich als Mitglied einer Hilfsorganisation auswies. Ich kaufte drei Ballen Decken zu je fünfzig Stück, zwei Säcke Bohnen und zwei Säcke Maniokmehl. Eine Schwester aus der Stadt wollte wieder mit zurück nach Kanyinya, was ich trotz meiner Bedenken begrüßte, denn so war ich nicht allein. Es ging alles gut.

In diese Situation kam mein Freund Werner – für mich Freude und Erleichterung. Bereits einen Tag vor seiner Ankunft fuhr ich schon hinunter in die Stadt. Bei meinen Freunden hatte ich immer eine gute Unterkunft in ihrem Haus, direkt am Lake Tanganyika gelegen, das mir die großherzige Familie Kuntze als Ruhe- und Erholungsort zugedacht hatte. Ich wusste das zu schätzen und war ihnen sehr dankbar.

27.8.88. Ein großes Militäraufgebot am Flughafen, dreizehn Uhr, die Maschine landete. Werner war da! Keine außergewöhnlichen Kontrollen. Wir blieben noch bis zum nächsten Tag bei meinen Freunden, weil es besser ist, so eine Rückreise in den Norden am frühen Vormittag zu beginnen.

Werner schrieb in seinem ersten Bericht für unsere Freunde in Deutschland:

*Am 28.8. fuhr ich mit Hannelore in mein zukünftiges Wirkungsgebiet Kanyinya bei Kirundo im Norden des Landes, das Unruhen-Gebiet vom 15. August. Die Pisten zum Norden führten durch ein völlig verlassenes Land. Abgebrannte, leer stehende und beschädigte Hütten und Häuser. Eine unheimliche Atmosphäre. Was finde ich in Kanyinya vor! In der Schule ist ein Flüchtlingslager mit ca. 750 Frauen, Kindern und auch Männern eingerichtet. Der Marktplatz mit den umliegenden Hütten ist ebenfalls Flüchtlingslager für ca. 3500 Personen. Ich bin er-*

*schüttert über die Situation, und da die Schwestern und Hannelore froh sind, dass ich da bin, bin ich in der Schule sofort zum Helfer eingeteilt worden. Unser Auto war in Bujumbura voll beladen worden, mit Decken, zwei Ballen Gebrauchtkleidern, Bohnen, Maniokmehl, Milchpulver, Kernseife, was ich zu verteilen hatte mit Hilfe einer Schwester, die eine Liste führte, damit keiner etwas doppelt bekommt. Zum Kochen stehen große Behälter, gefertigt aus alten Ölfässern, zur Verfügung. Das Rote Kreuz ist dabei, die Flüchtlinge aus der Schule nach Ntega zu verlegen. Das ist zurzeit die Situation hier in Kanyinya.*

Am 13. September löste sich das Schul-Flüchtlingslager allmählich auf, denn das Schulgebäude wurde wieder für den Unterricht gebraucht. Doch der Schock dieses Massakers, das Schätzungen zufolge ca. 125.000 Menschen das Leben gekostet hatte, saß tief. Versteinerte Gesichter, kein Lächeln und Winken, wie sonst in diesem afrikanischen Land, wenn man auf den Pisten und Wegen unterwegs war. Werner bemühte sich um sein Ziegen-Projekt, das er für das Behindertenhaus baulich fördern und überwachen sollte. Nach den Wünschen der Schwestern und der deutschen Entwicklungshilfe in Ngosi stellte er Baupläne und Materialkosten zusammen. Die Finanzierung wurde von Unicef übernommen, unter der Voraussetzung, dass ein Senior-Experte die Finanzen und die Arbeiten überwachte. Es war eben in Burundi noch keine stabile Zeit.

Eine ereignisreiche Woche im November. Am 18.11. bekamen wir Besuch vom deutschen Botschafter, Herrn Flittner. Er wurde mit Singen, Tanzen und Trommeln empfangen, echt afrikanisch eben. Am 19. November, nachdem der Botschafter am Morgen wieder abgereist war, besuchte Mutter Teresa aus Kalkutta ein benachbartes Waisenhaus ihrer Schwestern. Danach machte sie mit ihrem großen Gefolge an Ministern auch eine Stippvisite in unserem Heim – Vorstellung und Händeschütteln. So waren wir mal mitten im Geschehen, auch wenn Kanyinya auf der Weltkarte nicht zu finden ist.

Dem Werner ist in den sechs Monaten alles sehr gut gelungen, auch zu seiner eigenen Zufriedenheit. Bei der deutschen Botschaft: Der Bischof von Muyinga und auch das Ministerium Affäre Sozial begrüßten unseren ehrenamtlichen SES-Dienst in Burundi. So kam für Werner die Frage vom Bischof, ob er für einen zweiten Einsatz in Kanyinya zur Verfügung stehe. Es sollten noch eine Schulklasse, eine Küche mit einem Speiseraum, eine Erweiterung der Nähstube und eine kleine Boutique gebaut werden, in der alle Arbeiten aus der Nähstube zum Verkauf angeboten werden konnten, als kleine Nebeneinnahme. Ich hatte die jugendlichen Behinderten auf Schuluniformen spezialisiert, die wir auch für Unicef nach Bujumbura lieferten und die sie als Spenden verteilten. Die Khaki-Baumwollstoffe aus der Kotebu-Fabrik in Bujumbura kaufte ich auch auf Unicef-Rechnung. In dieser Aufbauphase sagte Werner Ja zu einem zweiten Einsatz, der auch wieder von SES unterstützt wurde.

Meine Verhandlungen mit mir selbst hatte ich schon vorher abgeschlossen. Die Frage der Generaloberin der Bene-Terezya in Gitega, Mutter Josephine, ob ich in der Noviziat-Schule in Bukeje die fünfzig Novizinnen im Schneidern, Kochen und Hausgarten-Anlegen unterrichten wolle, konnte ich positiv beantworten. So zog ich zu Beginn des Schuljahres 1989 ins Noviziat in Bukeje ein. Dieser Einsatz wurde ebenfalls vom Ehrenamtlichen Dienst des Senior-Experten-Service in Bonn unterstützt. So hatten wir für die Dauer unseres Aufenthaltes einen umfassenden Versicherungsschutz.

Drei Wochen Pause waren uns befohlen worden, die wir in Ruanda am Kivusee aus vollem Herzen genossen.

Werner führte mit viel Eifer zusammen mit Sr. Candida den Aufgabenbereich in Kanyinya durch, und die Kinder genossen es, einen »Opa« im Heim zu haben. Sr. Candida, zu der Zeit noch eine junge Schwester, lernte sehr schnell die deutsche Umgangssprache mit ihm. Zum Wochenende freuten wir uns, gemeinsam bei unseren deutschen Freunden in Bujumbura zu sein. Kanyinya und meine Noviziatschule Bukeje lagen eine vierstündige Pisten-Autofahrt auseinander. Mein Anfang in Bukeje war sehr bescheiden. Es gab wohl Klassenräume mit

Tafeln, aber keine Nähmaschine, kein Zubehör, nur eine schlichte Küche in einem überdachten Lehmschuppen, als Kochstelle drei Steine, zwischen denen der glühende Holzscheit brannte, kein Strom, kein Auto. Aber fünfzig wissbegierige, lerneifrige junge Mädels.

Dieser junge, einheimische Orden war im Jahre 1933 von der deutschen Missionarin Mutter Regina Stracke aus dem Sauerland gegründet worden. Sie hatte in den Jahren vier junge Afrikanerinnen im täglichen Zusammenleben die Ordensregeln in der Gemeinschaft gelehrt, in Nächstenliebe und Gehorsam. Als sie alt wurde und nach Ordensregeln ins Mutterhaus nach Deutschland zurückgerufen wurde, verweigerte sie das erste Mal den Gehorsam. Die Begründung war: »Ich kann meine Kinder nicht allein lassen. Wenn der Herrgott mich ruft, dann sollen sie mich begleiten.« Mit der Genehmigung des Bischofs von Gitega gründete sie mit den vier Novizinnen den ersten afrikanischen Orden der Bene-Terezya. 1990 konnte der Orden schon einen Stamm von 400 Schwestern aufweisen. Sie waren über das ganze Land in den Gemeinden verteilt, für den sozialen Dienst an Armen und Bedürftigen, für Krankendienst und Betreuung, für Gemeinde- und Kirchendienste. Die Statuten, von Mutter Regina eigenhändig verfasst, schrieben vor, dass immer mindestens drei Schwestern in den Außenbezirken zusammen sein mussten. Unter anderem war auch vorgeschrieben, dass die Anwärterinnen im Noviziat ihre Schwesterntracht selbst anzufertigen hatten. Es war mir in den Jahren wohl aufgefallen, dass die Schwesterntracht sehr schlecht verarbeitet war und nicht richtig saß, aber die fröhlichen Gesichter der Schwestern machten immer den Eindruck, dass das für sie gar nicht wichtig war. Viele junge Mädels aus den Hütten der Dörfer kannten ja auch keine Kleidung in dem Sinne. Es gab zwei Tücher, Ikikwemo und Ikifungo, eines, in das sie sich unten herum ein wickelten, und eines für oben. Sie waren sehr geschickt darin, diese Tücher um sich herumzuschlingen. Ich hatte mich auch schon daran gewöhnt, dass das mit der Schwesterngarderobe eben so war. Die einheimische Mutter Oberin wusste schon, woran es bei der Ausbildung im Noviziat mangelte: Einheimische Lehrkräfte für das

Schneiderhandwerk gab es im Land noch nicht. Auf diesem Hintergrund kam es zu der Frage an mich, ob ich hier einspringen könne.

Schneidern lernen wollten sie alle, aber das ging nicht. Dreißig Novizinnen habe ich in zwei Klassen aufgeteilt, die übrigen zwanzig wurden beim späteren Kochunterricht berücksichtigt. Nach einer Woche – täglich je zwei Stunden Theorie, Maßnehmen, Schnittberechnung, Musterentwerfen und Anfertigen von Papiermodellen – bekam ich unerwarteten Besuch. Der Landtagspräsident aus Stuttgart, Erich Schneider, die Gesundheits- und Sozialministerin und noch ein paar Herren wollten sehen, wie es mir ging. Sie kamen direkt in die Unterrichtsstunde – eine wunderbare Gelegenheit, auf fehlende Nähmaschinen hinzuweisen. Zu der Zeit kostete eine chinesische Pfaffi 100 DM in Bujumbura. Weil die Delegation es als wichtige berufsfördernde Maßnahme in der Schwesternausbildung sah, konnte ich in der nächsten Woche die Maschinen kaufen. Die Freudentänze kann man nicht beschreiben, und es entwickelte sich ein unglaublicher Lerneifer. Mit den zwei Stunden am Tag kamen sie nicht aus, jede freie Minute gingen sie mit ihrem Beutel unter dem Arm in die Nähklasse, um von der Babykleidung bis zur eigenen Schwesterntracht alles selbst anzufertigen.

Der Besuch hatte für weitere freudige Überraschungen gesorgt: Bei unserem gemeinsamen Essen in der Station Banga der Bene-Terezya-Schwestern wurde ich gefragt, wie ich denn nach Bujumbura käme, zum Einkaufen oder am Wochenende. Ich antwortete: »Ich stelle mich an die Bushaltestelle und versuche mich in die Traube von Männern, die in den offenen Bustüren hängen, noch reinzudrängen.« Genauso war es. Denn mein Auto, das mir in Muyinga und in Kanyinya zur Verfügung stand, blieb ja stets im jeweiligen Zentrum.

Geschlossen kam die Antwort: »Dann brauchen Sie hier ein Auto.« Mein Herz schlug natürlich höher.

Nach zehn Tagen bekam ich von der deutschen Botschaft Bescheid, dass ich mir für das Noviziat beim Händler in Bujumbura einen VW-Bus abholen könne. Nicht nur für den Transport von Gütern, sondern auch, damit zu den verschiedenen Anlässen die Novizinnen mitfahren konnten. Für die Oberin, die Novizinnen und für mich war es eine unbeschreibliche Freude.

In den sechs Monaten, in denen Werner mit seinem Einsatz in Kanyinya und ich in Bukeje die Woche über voll beschäftigt waren, gab es auch immer wieder sehr freudige Begegnungen in Bujumbura zwischen den im Land arbeitenden Deutschen. Wir waren wie eine große Familie. Die Männer trafen sich alle vierzehn Tage samstagsabends zum Skatspielen, während ich mich immer aufs Schwimmen freute. Während der Woche musste ich ja mein Wasser einteilen, denn an der einzigen Zapfstelle war das kostbare Wasser nicht immer zu bekommen. Es lebte auch eine Gruppe von belgischen Familien in Bujumbura, vor allem Geschäftsleute. Überwiegend Europäer hatten sich im Lions Club zusammengeschlossen. Sie organisierten sehr schöne Feste, immer zu Gunsten der Hilfsorganisationen im Land, mit Tombolas und vielem mehr. Dazu wurden wir stets eingeladen und konnten jedes Mal eine gute Spende für unsere Projekte mitnehmen. All das machte das Leben ein wenig leichter und abwechslungsreicher.

Der 10.09.1989 rückte näher, Werners Zeit ging zu Ende. Für das Zentrum in Kanyinya war diese Zeit eine Zeit des sichtbaren Aufschwungs, in der positive Zeichen für die Zukunft gesetzt werden konnten, und auch für Werner war es ein glückliches Jahr.

Vor seiner Abreise nach Deutschland trug die Mutter Oberin des Bene-Terezya-Ordens Werner und mir ihre Bitten und Wünsche vor. Sie wollten ein eigenes Behinderten- und Waisenhaus in Gitega errichten, das nicht den kirchlichen Diözesen gehörte, sondern in ihrer eigenen Verantwortung lag; dazu hatten sie in Italien und in Ruanda genügend eigene Schwestern ausbilden lassen. Sie zeigten uns das Grundstück in Muschascha, das gut geeignet und zentral gelegen war, und baten Werner, ihnen beim Planen und finanziell durch die Beschaffung von Geldern in Deutschland zu helfen. Ich sollte die Ausbildung in der Schneiderei- und Handarbeits-Klasse wieder übernehmen, sobald ich meine zwei Schuljahre in Bukeje abgeschlossen hatte.

Für Werner war es eine reizvolle Aufgabe, die ihm zusagte. Doch er stellte zwei Bedingungen: Nur wenn auch ich Ja sagen würde, denn alleine würde er nicht bleiben, weil er älter werde; und zweitens erbat er sich eine Wohnmöglichkeit mit genügend Platz für uns beide. Nun, diese Bitten erfüllten sie sofort. Erst einmal zeichnete und plante Werner mit den Schwestern nach ihren Vorstellungen und Wünschen. Dann flog er zurück nach Deutschland, den Kopf voller Pläne und Ideen. Er nahm Schwester Candida sofort mit für eine vierwöchige Erholungspause und für eine direkte Vorstellung ihrer Person als Economin für das geplante Zentrum. Die Zusage zur Finanzierung erhielten sie vom Haupt-Caritasverband in Freiburg im Zusammenhang mit der Europäischen Gemeinschaft. Bedingung war: Bau- und Finanzüberwachung von uns zwei Senior-Experten. Candida flog zurück mit der guten Nachricht für das Mutterhaus. Sie begannen alle Vorarbeiten, die sie in Eigenleistung erbringen mussten. Werner hielt Diavorträge in der Heimat, sprach bei den verschiedenen kirchlichen Behörden vor und versuchte so das Spendenkonto aufzufüllen, das eigens für das neue Projekt bei den Weißen Vätern in Köln errichtet worden war.

Ich lebte noch im Noviziat in Bukeje und bildete zusätzlich junge Schwestern aus Diözesen im Tschad und in Kamerun aus. In diesem Jahr besuchte mich in der Schulferienzeit für drei Wochen auch meine älteste Tochter Beate, die zu Hause als leitende OP-Schwester arbeitete. Ich konnte ihr die Naturschönheiten im ganzen Land zeigen, aber auch Krankenstationen, das Elend, die Armut – und das Gegenteil, die Fröhlichkeit und Freundlichkeit der Menschen, die Unkompliziertheit in den einfachen, bescheidenen Quartieren auf unserer Route, auch den Unterschied zum Stadtleben bei meinen Freunden, die wir in Bujumbura besuchten. Beate merkte, dass alles, was wir zu Hause zum Leben für so unentbehrlich halten, hier überhaupt nicht wichtig ist. Beim Abschied sagte sie: »Schade, Mutter, dass ich noch keine Rentnerin bin, meine Aufgabe würde ich hier ebenfalls finden, in einem Krankenhaus oder auf einer Krankenstation.« Wir konnten nicht ahnen, dass sie das Rentenalter nicht erreichen würde. Doch davon später.

In ihrem Krankenhaus in Kassel stellte meine Tochter eine Dokumentation ihrer Eindrücke zusammen und platzierte dort auch einen Spendenkorb für eine richtige Küche im Noviziat, in der die jungen Schwesternanwärterinnen unterrichtet werden sollten. Ich war überrascht und erfreut, als mir über die Weißen Väter nach vier Wochen 400 DM zur Verfügung gestellt wurden. Damit war der Grundstock vorhanden, und da ging es natürlich an die Arbeit. Die deutschen Freunde in Bujumbura halfen, aus dem Tal, wo die Stromleitung nach Gitega gelegt wurde, eine Abzweigung zum Noviziat zu legen. Strom gab es ja nicht bei uns. Eine Kerze oder Petroleumlampe für einen Raum, daran hatte ich mich schon gewöhnt. Frühes Zubettgehen am Abend und frühes Aufstehen am Morgen, darauf hatte sich der Körper mit den Jahren eingestellt. Es war über das ganze Jahr täglich zwölf Stunden Tag und zwölf Stunden Nacht. Man kann sich vorstellen, wie die Elektrizität unseren Tagesablauf veränderte. Plötzlich trafen sich die Mädels nach dem Abendessen noch in der großen Nähklasse bis 22 Uhr zum Stricken, Häkeln und zu vielen verschiedenen Handarbeiten für nützliche Zwecke. Ich staunte immer wieder, wie sie plötzlich eigene Ideen entwickelten in ihren zwei Stunden Lichtfreizeit.

Für unsere Lehrküche konnten wir von Beates gesammeltem Geld in Bujumbura einen elektrischen Herd, Kochtöpfe mit Kochgeschirr, einen Kühlschrank, ein Spülbecken und alles nötige Zubehör kaufen. Dann ging es an die Arbeit. Natürlich wollten alle in den Kochkursus. Bohnen, Maniok, Bananen und Patt konnten sie von zu Hause aus zubereiten, aber Karotten, Auberginen und die verschiedensten Gemüsesorten, die ich mit ihnen im Hausgarten gezogen hatte, waren zu der Zeit noch nicht im ganzen Land bekannt. Frischfisch aus dem Lake Tanganyika gab es nur in Bujumbura; getrocknete kleine Fischchen aus dem Lake, noch kleiner als die Sardinen, die es in Deutschland zu kaufen gibt, wurden in Säcken zu den ländlichen Märkten transportiert. Kühlautos und andere Kühlvorrichtungen gab es im Land nicht. Mit unserem Auto war ich in der glücklichen Lage, in der Kühltasche auch mal Frischfisch mitzubringen.

1990 war die Situation vor allem auf dem Land noch sehr rückständig. In den Jahren zuvor, wo in den feucht-sumpfigen, mit Papyruspflanzen bewachsenen Niederungen, die sich durch die hügelige Landschaft zogen, die Brut- und Wohnstätten der Moskitos waren, war versucht worden, Abhilfe zu schaffen. Die europäischen Hilfsorganisationen schickten Sprühhubschrauber, die Pestizide über die Feuchtgebiete sprühten, bevor die Erkenntnis, dass es den Moskitos nicht schadete, aber der Vogel- und Kleintierwelt, zum Einstellen dieser Methode führte.

Das nächste Projekt war angesichts des einseitigen Speiseplans hier im Land ideal. Papyrus wurde ausgezogen und noch für Flechtarbeiten verwandt, erhöhte Beete, um die das Wasser geleitet wurde, durchzogen die ehemaligen Sumpfgebiete, die mit Reis bepflanzt wurden. Es war nicht für Großgrundbesitzer gedacht, sondern für die einzelnen Familien aus den Gebieten auf den Hügeln, die sich ein angemessenes Stück Land für den Eigenbedarf fertigmachen konnten. Der Reiz an der Sache war, dass sie den Ertrag, der über den notwendigen Eigenbedarf hinausging, auch verkaufen konnten. Es hat Jahre der Aufklärung gebraucht, bis die Menschen erkannten, dass Reis ein wertvolles Nahrungsmittel ist, und sie ihn selbst auf den Speiseplan setzten.

Für unsere Novizinnen eröffnete sich eine völlig neue Welt. Schon ein Herd, vor dem man stand, statt auf dem Boden einen Blechtopf auf einen brennenden Holzscheit zwischen drei Steine zu stellen, war eine faszinierende Neuerung. Für viele war es das erste Mal, dass sie Reis kochten, und es wurde Bestandteil der Ernährungslehre. Als Schwestern sollten sie später ihre Erkenntnisse da, wo sie eingesetzt wurden, weitergeben, neben den Schwestern, die überwiegend in Italien in der Krankenpflege ausgebildet wurden, Medizin oder Architektur studierten, alles das, was in Bujumbura nicht zu lernen war. Mit meinen wissbegierigen Schwesternanwärterinnen war ich die zwei Jahre voll ausgelastet. Es war eine fröhliche Zeit mit diesen fünfzig jungen Mädels, und ich bereue nicht eine Stunde, die ich mit ihnen verbracht habe. Für sie war ich ihre »Madame Hannelore« oder auch schon mal »Madame Oma«, weil die Kinder mich ja alle »Oma« riefen.

Der Papst hatte sich für einen Besuch in Burundi angemeldet. Das war natürlich ein großes Ereignis. Der Nähklasse des Noviziats fiel die Aufgabe zu, die Altartücher für den großen Altar zu nähen. Das war natürlich eine Ehre für unsere Schwesternanwärterinnen. Die letzten Stiche am Altartuch wurden noch vor Ort gemacht, als der Konvoi mit dem Papst bereits den Hügel hochgefahren kam. Es waren Tausende, die dem Papst an diesem windigen Morgen zujubelten. In seiner Ansprache bezog er sich auf das Sakrament der Ehe und die Verpflichtung zur Treue, und er verdammte Hexerei und Aberglauben. Doch nach Ansicht der Geistlichen im Land gab es hier nur geringe Erfolgsaussichten; was Sexualität und Aberglauben betraf, stieß die Kirche an die Grenzen ihres Einflusses. Atheistischer Wunderglaube, Vertrauen in Beschwörungen, Glücksbringer und anderer Aberglaube gehören einfach zum afrikanischen Alltag. Vielweiberei und häufig wechselnde Geschlechtspartner zählen bei vielen Stämmen zu althergebrachten Verhaltensmustern, und die Mädchen sammeln spätestens mit fünfzehn Jahren sexuelle Erfahrungen. Die afrikanische Lebensart zählt mehr als die christliche Glaubenslehre, die wohl hoch angesehen ist, denn die Mehrheit der Elite des Landes wurde in Missionsschulen erzogen, aber die angestrebte Integration des christlichen Glaubens in das afrikanische Leben hat noch einen langen Weg vor sich. Der Begeisterung der Menschen für den Papst tat all dies jedoch keinen Abbruch.

Zum Schuljahresende, Sommeranfang 1991, fuhr ich erst mal zurück nach Deutschland, dem Bedürfnis nach häuslicher Bequemlichkeit nachgebend, das darin bestand, mit reichlich warmem Wasser zu duschen, in der Wanne zu liegen und den Geschmack einer Schwarzwälder Kirschtorte oder eines Bratens zu genießen. Doch der afrikanische Kontinent hatte mich eingefangen, und mit meinen Gedanken war ich immer wieder in Burundi.

Werner hatte in der Zeit für das neue Projekt viel bewirkt, die Finanzierung stand auf sicheren Füßen, dank der vielen Freunde, von denen wir vertrauensvoll unterstützt wurden. Wir hatten keinen Vereinsstatus. Der Senior-Experten-Service in Bonn hatte der Ausreise für uns beide zugestimmt, was wichtig war für den Schutz im Ausland. Am 10. September 1991 hieß es dann wieder Abschied von unseren Familien nehmen, und einen Tag später wurden wir auf dem Wilhelmshöher Bahnhof feierlich von unseren Freunden der Kolpingfamilie verabschiedet.

In Bujumbura wurden wir herzlich empfangen, und am übernächsten Tag, nachdem wir alle Freunde begrüßt hatten, ging es wieder nach Gitega.

Erste Begegnung mit meinem afrikanischen Patenkind
Matteo Barukinamwo

Ein Bild seiner Großfamilie in Burundi

Eine weiße Frau kommt mit Matteo; er umsorgt seine Eltern.

Beim Besuch des ersten schulisch ausgebildeten Sohnes kommt die Großfamilie zusammen. Jeder erhofft sich Rat und Hilfe von ihm.

Die Kinder freuen sich über ihre Zentrums-»Oma«.

Jede Gelegenheit zur Konversation wird genutzt:
Sie lernen Deutsch, ich Kirundi.

Pater Otmars Aussage bewahrheitet sich:
»Wenn die Burundier dich angenommen haben, kannst du dich hier fühlen wie in Abrahams Schoß.«

Meine ersten Begegnungen als Malteser-Hilfsschwester

Nähschule: Alle sind mit großem Eifer bei der Arbeit.

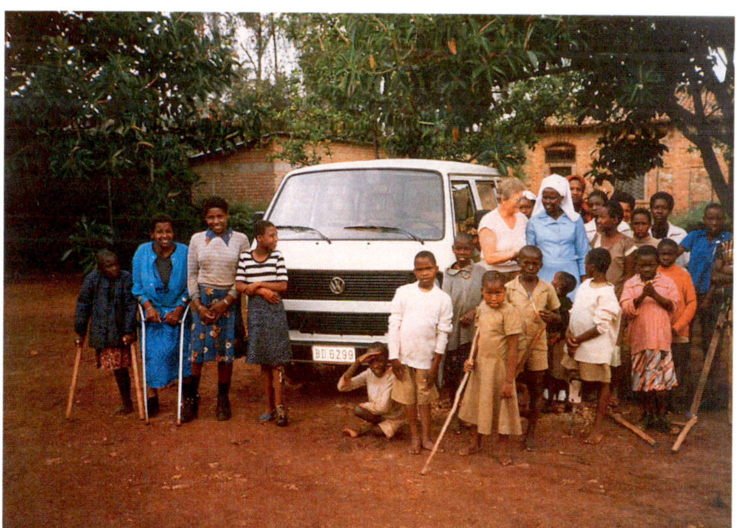

Große Freude!!! Das gespendete Auto aus Deutschland. Für den Transport der Kinder zu den Operationen ist es dringend nötig.

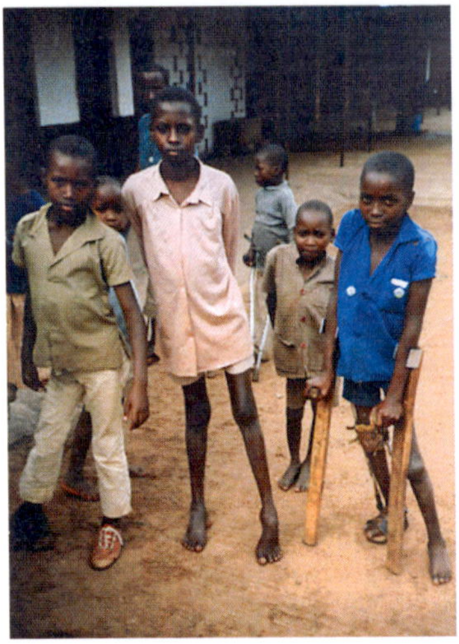

Eine Arbeit, bei der die Füße nicht vonnöten sind: Weben an der selbst gebauten Webvorrichtung.

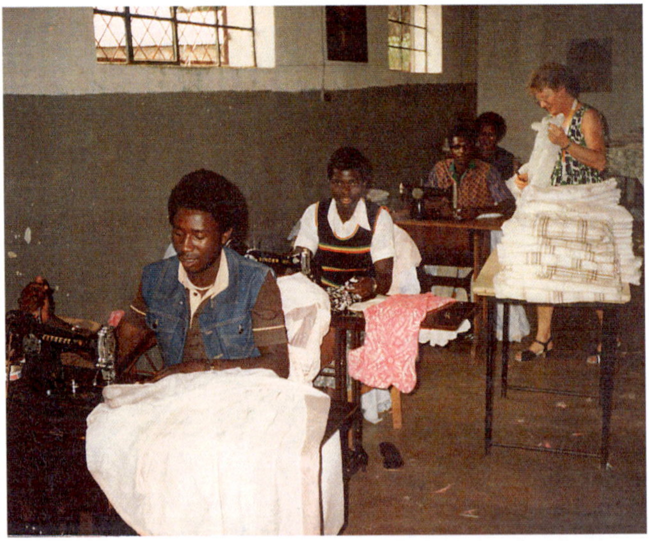

Die bei den Jugendlichen begehrte Schneiderausbildung – oft die einzige Einnahmequelle in den Familien.

Bürgerkrieg, Kummer und großes Leid

Flüchtlingslager im eigenen Land

Die Kinder sind wie immer die Hauptleid-
tragenden.

Die erste aktive Frauengruppe im Malaria-Projekt in Gitega

Pygmäen-Frauen mit ihren selbst gefertigten Tonbehältern für Wasser und Vorräte

Familien-Waschtag ist an jedem Wasserrinnsal.

Wasser zum Gießen, Kochen, Waschen: Immer ist der Kopf das Transportmittel.

Hilfe zur Selbsthilfe mit natürlicher Medizin aus dem eigenen Garten im Behinderten-Zentrum Gitega

Zweimal im Jahr: Die Heilpflanze Artemisia annua wird gleichzeitig gesät, gepflanzt, geerntet und durch Stecklinge vermehrt.

Auch der Volksstamm der Massai ist über das Malaria-Programm mit der Artemisia annua erfreut.

In bescheidenen Unterkünften Lebensfreude

und Gastfreundschaft

# Unser neues Zuhause in Gitega

Wir waren überrascht und erfreut. Die Schwestern hatten alles getan, damit wir uns wohlfühlten: Ein schönes Häuschen mit viel Platz, das zuvor von Seminaristinnen bewohnt worden war, stand bereit, mitten in einem Bananenwald, aber noch auf dem Grundstück des Mutterhauses der Bene-Terezya. Bewacht wurde es von einem *Samos* (Nachtwächter), der uns von abends 18 Uhr bis morgens um 6 Uhr vor Banditen und sonstigen unerwünschten Besuchern schützen sollte. An diesen Zustand, dass jedes Wohngrundstück mit einer hohen Mauer umgeben war und das Eingangstor von einem Tag- und einem Nachtwächter bewacht wurde, hatten wir uns gewöhnt. Ein *Umuzungu* (weißer Mann) konnte und durfte es nicht ablehnen, sich bewachen zu lassen. Es waren zwei Arbeitsplätze für Familienväter, der Tageslohn war 1 DM; da gab es für einen Europäer nichts zu diskutieren. Der Tagwächter war zugleich unser Hausboy, der schon morgens die frisch gekochte Milch von den Schwestern mitbrachte.

Werner ging mit Sr. Candida jeden Morgen zur Baustelle, ein nicht ganz zehnminütiger Fußweg. Sr. Candida, von Anfang an die leitende Schwester, mit der wir uns dank ihrer guten Deutschkenntnisse am besten verständigen konnten, hatte alle baulichen Vorarbeiten bereits verrichten lassen.

Ich hatte in einem Gebäude beim Mutterhaus drei kleine Klassenräume, wo junge Behinderte im Nähen, Stricken und Sisalflechten ausgebildet wurden. Sie sollten in dem neuen Haus, das für siebzig Behinderte zur Rehabilitation gedacht war, als Führungs- oder Ausbildungskräfte mitarbeiten. Ich unterrichtete bis Mittag, während Werner auf der Baustelle war und Sr. Candida ihre Geschäfte erledigte. Zum Mittagessen trafen wir uns im Mutterhaus, danach, in der heißen Mittagszeit, gab es eine verdiente Ruhepause. Werner hatte in Bujumbura eine

Schreibmaschine geschenkt bekommen. Strom gab es schon in Gitega und abends wurden Abrechnungen und Berichte geschrieben. Der Boy wusch und bügelte und putzte die Wohnung. Zum Wochenende gab es immer gegenseitige Besuche der befreundeten Deutschen, sodass wir sehr zufrieden waren. Das Wichtigste für uns beide war jedoch, dass wir zusammen waren, uns gegenseitig stützen und in der großen Projektarbeit austauschen konnten.

Nach einem Monat unseres häuslichen Zusammenlebens fiel mir zusehends Werners schwerfällige Gangart auf. Er konnte die Beine nicht mehr richtig hochheben und schlurfte regelrecht, und nach zwei Tagen zog er deutlich das linke Bein nach. Als ich ihn darauf ansprach, sagte er: »Ja, ich merke es, aber ich kann es nicht ändern, der Kopf schaltet nicht mit.« Wir haben den ganzen Abend gesprochen und kamen zu dem Schluss, dass es der Anfang der Parkinson-Krankheit sein müsse Er meinte: »Wenn das so ist, geht es ja langsam, das Zachäus-Haus (das wir so nennen wollten) bekommen wir noch fertig.« Ich bedrängte ihn, nach Bujumbura zu unserer Freundin, der Tropenärztin Lydia, zu fahren, um Rat einzuholen und eventuell Medikamente zu besorgen. Nein, davon wollte er nichts wissen und auch zu keinem Arzt, er wollte nur hier bleiben. Sr. Candida besorgte ihm einen sehr schönen afrikanischen Spazierstock, mit dem er jeden Morgen zur Baustelle schlurfte, denn er wollte nicht mit dem Wagen hingefahren werden.

Beim Schreibmaschineschreiben merkten wir beide, dass der linke Arm und die Hand nicht mehr so recht reagierten. Dann kam der Freitag unseres siebten Wochenendes, an dem sich die Männer wieder zum Skatspielen in Bujumbura trafen. Werner freute sich immer auf diese Skatrunden, er war ein guter Spieler. Das Thema ärztliche Untersuchung war nicht mehr angesprochen worden; er hatte sich nun mal in den Kopf gesetzt, erst das Zentrum fertigzubauen. Da er sich zum Autofahren nicht mehr sicher genug fühlte, brachte ich ihn zu seiner Männerrunde und fuhr dann in unser Quartier zu unseren Freunden, zu Lydia und Dieter. Ich erwähnte Werners Beschwerden, aber nicht seine Schmerzen. Um 22 Uhr holte ich ihn von seiner Männerrunde ab. Er hatte gut gespielt, sogar einige Male gewonnen, und war mit seinem Kopf zufrieden.

Am Samstagmorgen, beim gemeinsamen Frühstück mit unseren Freunden auf der Terrasse, gelang es Lydia, Werner davon zu überzeugen, wenigstens eine Diagnose einzuholen: »Dann bekommt man es mit Medikamenten besser in den Griff.« Werner stimmte zu, und sie fuhr mit ihm ins Krankenhaus zu ihren Kollegen. Dort war man wegen Werners Symptomen besorgt, doch sie hatten nicht die notwendigen medizinischen Geräte und rieten Werner dringend, die nächste Maschine nach Deutschland zu nehmen. Doch die flog erst am Sonntagmittag.

Es war wie ein Blitzschlag, der mitten ins Herz ging. Lydia und Dieter hatten schon die deutsche Botschaft eingeschaltet. Aber Ticket, Papiere und persönliche Sachen waren in Gitega. Ich wusste, Sr. Candida war nicht da, sie hatte eine Besprechung außerhalb. Was nun? Sofort nach Gitega und schnell alles packen, damit ich vor dem Dunkelwerden zurück war. Wenn alles gut ging, war es zu schaffen. Werner machte sich mehr Sorgen um mich als um die ungewisse Diagnose, oder er zeigte es nicht.

Die Buschtrommeln hatten mal wieder funktioniert: Als ich in Gitega ankam, war auch Candida zurück. Sie ließen mich mit dem Auto nicht alleine, sie und Sr. Josephine wollten Werner zum Flughafen begleiten. Die Botschaft hatte alles geregelt und auch veranlasst, dass er einen Krankenflugschein für eine Liegefläche bekam. Ich war am Samstagabend mit allem, was für ihn wichtig war, zur allgemeinen Erleichterung zurück in Bujumbura.

Für uns zwei war es der letzte gemeinsame Abend in Afrika. Wir lagen viele Stunden bis in die Nacht hinein eng zusammengekuschelt, beteten und redeten über alles, was uns bewegte. Trotz des anstrengenden Tages fanden wir erst am frühen Morgen in den Schlaf. Meinen Wunsch, ihn nach Deutschland zu begleiten, lehnte Werner ab, aus Sorge um das Zentrum, wo ich seine Aufgaben übernehmen sollte. Außerdem war er der festen Überzeugung, in spätestens drei Wochen wieder in Gitega zu sein, wenn er mit passenden Medikamenten eingestellt sei. Bei der Verabschiedung am Sonntagmittag am Flughafen waren alle Freunde und Bekannte versammelt. Damit Werner sich nicht überanstrengte, wurde er im Rollstuhl über das Flugfeld zum Einstieg gefahren. Seine Söhne in Kassel waren bereits telefonisch informiert worden und würden ihn am Montag um 6 Uhr morgens in Frankfurt abholen. Für denselben Tag hatten sie einen Untersuchungstermin im Elisabeth-Krankenhaus gemacht.

Die Diagnose war niederschmetternd: Gehirntumor. Am 23.10.1991 wurde Werner operiert. Zwei Tage später erreichte mich bereits sein Anruf aus dem Krankenhaus. »Muschelchen (sein Kosename für mich), ich glaube, es ist gut gegangen, jetzt kommt noch die Nachbehandlung, dann werde ich zurückkommen.« Das klang ja vielversprechend.

In meiner Anlernnähstube konnte ich nur noch begrenzt Anleitung geben, wenn ich von der Baustelle zurückkam. Ich wurde immer mehr Mädchen für alles, auch als rechte Hand von Sr. Candida, die über viel Erfahrung mit den Gewohnheiten und der Mentalität der Arbeiter verfügte. Es war unmöglich, die Leute alleine arbeiten zu lassen, es musste immer eine von uns beiden auf der Baustelle sein, sonst ging die Arbeit nicht voran. Durch eine anerzogene Unterwürfigkeit dem herrschenden Stamm gegenüber warteten die Arbeiter immer auf die nächste Anordnung, was zu tun sei. Zwar waren sie emsig, willig und fleißig, aber vorausschauendes Denken und selbstständiges Handeln waren ihnen fremd. Sie waren nicht dumm, aber als das arbeitende Landvolk vom Stamm der Hutus durch die jahrzehntelange Unterordnung eben so geworden. Einen Tutsi fand man nicht unter den Arbeitern, zu der Zeit hoben sich die Tutsi noch deutlich vom Arbeitsvolk ab, was sie optisch durch den Fingernagel des kleinen Fingers an der rechten Hand unterstrichen, den sie als Zeichen ihrer Stammeszugehörigkeit auffallend langwachsen ließen.

Bei der Überwachung der Arbeiten bedurfte es großer Geduld, das kannte ich schon. Wir zwei Frauen wechselten uns also auf der Baustelle ab, und so ging es flott vorwärts. Candida hatte für reichlich Arbeiter gesorgt. Sie hatte ein Gespür dafür, ob ein Mann gut war oder nicht. Für die Arbeiter war es ein willkommener Verdienst für ihre Familien, daher strengte sich jeder an. Durch Werners gute Vorarbeit bei der Beschaffung der finanziellen Mittel gab es in dieser Hinsicht keinen Engpass. Viele Pfarrgruppen, Einzelpersonen, Organisationen wie das Päpstliche Missionswerk der Kinder, der Deutsche Caritasverband, Kolpingfamilien und auch die Kolpingjugend in Kassel unterstützten unsere Arbeit. Durch Werners Ausfall hatte ich jetzt auch alle Abrechnungen allein zu machen. Dass wir immer alles miteinander besprochen hatten, zahlte sich jetzt aus. Ich arbeitete mich in sein Abrechnungsschema rasch ein, immer in der stillen Hoffnung, dass er nach der Chemotherapie erholt zurückkehren würde.

Fünf Wochen nach seiner Operation kam ein Anruf von seinem Sohn: »Du musst sofort kommen.« Sicher ahnte ich Schlimmes, aber nicht, was ich dann vorfand. Mit der Mutter Oberin der Bene-Terezya und der deutschen Botschaft regelte ich noch die künftigen Geldausgaben und deren Überwachung, bevor ich den nächsten Flieger nahm.

Es war der 4.12.91, ich hatte eine Aus- und Wiedereinreisegenehmigung für einen Monat. Werner lag nicht mehr im Elisabeth-Krankenhaus, wo er seine Chemotherapie absolviert hatte, sondern im Städtischen Klinikum auf der Hautstation. Was war passiert? Irgendjemand hatte nicht aufgepasst. Die letzte Chemo war zu stark gewesen und hatte seinen ganzen Körper verbrannt. Wie ich ihn vorfand, die verbrannte Haut mit Silberfolie abgedeckt, glaubte ich, mein Herz bliebe stehen. Die Stationsschwester hatte mich wohl vorbereitet, ehe ich das Zimmer betrat, aber mit so etwas Schlimmem hatte ich nicht gerechnet. Hätte er nicht halblaut gesagt: »Muschelchen, gut, dass du da bist«, hätte ich nicht geglaubt, ihn in seinem Zustand noch lebend vorzufinden: Gesicht, Arme, Hände, alles war rosarotes, von Blasen durchsetztes Fleisch. Berühren durfte ich ihn nicht. Vor dem Betreten des Zimmers hatte ich einen sterilen Kittel und Überschuhe anziehen müssen, damit ich keine entzündungsfördernden Keime ins Zimmer schleppte.

Meine Besuchszeit war nicht eingeschränkt, auf Werners Wunsch hin durfte ich kommen, wann ich wollte. Meine Anwesenheit munterte ihn auf, doch mit seiner Kraft und Energie ging es bergab, wenn sich auch die Haut wieder stabilisierte. Doch er hat nicht ein einziges Mal gejammert oder geklagt.

Das Weihnachtsfest verbrachten wir in seinem Krankenzimmer. Zweimal am Tag konnte ich schon mit ihm auf dem Gang langsam auf und ab gehen, und er schöpfte wieder Hoffnung. Am 7. Januar sollte er in eine Reha-Klinik in Bayern, was unsere Hoffnung auf Genesung zusätzlich stärkte. Sein Sohn, der bei den Johannitern war, fuhr ihn im Krankenwagen dorthin.

Am 5. Januar 1992 flog ich wieder zurück nach Burundi, mit guten Gefühlen für ihn. Doch als ich mich am 8. Januar telefonisch erkundigen wollte, ob er gut angekommen sei, musste ich erfahren, dass man ihn in der Reha-Klinik nicht hatte aufnehmen können, weil man dort für so einen Fall nicht eingerichtet war. Das war natürlich ein Rückschlag für Werner, als er am selben Tag wieder in sein Krankenzimmer zurückkam. Nach ein paar Tagen wurde er nach Immenhausen in eine örtliche Reha verlegt. Er wurde mutlos und misstrauisch, lehnte zum Schluss jede weitere Behandlung im Krankenhaus ab, nachdem er vor seiner Tür ein Gespräch mitbekommen hatte, das nicht für seine Ohren bestimmt gewesen war: Man hatte für ihn einen Platz in einem Altenpflegeheim gefunden. Als er das mitbekommen habe, erzählte er mir später, habe er nur noch um ein Telefon gebeten. Er rief mich in Gitega an und sagte mit gebrochener Stimme: »Bitte komm, die haben was Schlimmes mit mir vor, ich möchte nach Hause.« Wieder habe ich alles in Eile zusammengepackt. Mit Sr. Candida würde der Rest der Baumaßnahmen in Ordnung gehen, die Dächer waren gedeckt, Türen und Fenster sollten erst im Sommer gefertigt werden.

Genau an meinem Geburtstag im Februar flog ich schon wieder zurück. Als ich Werners Zimmer betrat, lächelte er und sagte nur: »Du bist schon da!« Dabei rollten ihm Tränen über die Wangen. Endlich konnten wir uns wieder in die Arme nehmen.

Als ich ging, um die Entlassungspapiere zu holen, und mich der Ärztin vorstellte, sagte sie: »Ach, Sie sind seine Bekannte aus Afrika?« Ich bejahte. »Setzen Sie sich bitte, ich muss Sie erst mal aufklären. Herr

Hupe hat höchstens noch drei Wochen zu leben, sein Hirntumor konnte nicht ganz entfernt werden. Wir können ihn nicht hier behalten, er soll in ein Pflegeheim. Aber er spricht nur immer von seiner Bekannten, die kommt und mit ihm nach Hause geht.« Die Ärztin sagte, sie befürchte, dass die Pflege für mich doch zu viel sei und dass ich mir das noch einmal überlegen solle. Ich konnte sie damit beruhigen, dass ich bei der Malteserhilfe sei und in der Krankenpflege Erfahrungen gesammelt hätte. Wenn er nach ihrer Meinung nur noch drei Wochen zu leben habe, sei es umso wichtiger, seinen Wunsch, nach Hause zu kommen, auch zu erfüllen. Sie widersprach nicht. Ich bat sie nur noch, bei der Krankenkasse anzurufen und zu veranlassen, dass am nächsten Morgen ein Krankenbett an seine Hausadresse geliefert werde. Werner machte einen zufriedenen Eindruck, als ich ihm das Ergebnis meiner Unterredung mit der Ärztin mitteilte.

Erst am Nachmittag ließ ich mich mit meinen Koffern, die ich an der Pforte abgestellt hatte, nach Hause bringen. In Werners Wohnung mussten noch allerhand Möbel verrückt werden, damit das Krankenbett in seinem Wohnzimmer aufgestellt werden konnte, wo er sich wohler fühlen würde. Am anderen Morgen lief alles wie abgesprochen, das Krankenbett kam, und ich sagte in der Reha-Klinik Bescheid, dass Werner mit dem Krankenwagen kommen könne.

Endlich waren wir wieder zusammen. Die Koffer in meiner Wohnung waren auch noch nach Wochen nicht fertig ausgepackt, aber das war jetzt nicht wichtig. Im Krankenhaus hatte Werner alle Medikamente, die ihm verordnet worden waren, abgelehnt, jetzt, zu Hause, wollte er seinen Hausarzt nur zum Verschreiben von Hilfsmitteln. Am zweiten Tag ging er schon mit dem Gehwagen ins Bad, wo ich ihn waschen konnte. Seine körperliche Kraft war noch auf dem Nullpunkt. Aber sein Wille, mir so gut es ging behilflich zu sein, war da, sodass er mit seinem Gehwagen das Frühstück gemeinsam mit mir am Tisch einnehmen konnte.

Die Prognose der Krankenhausärztin, dass er nur noch zirka drei Wochen zu leben habe, schien sich nicht zu bewahrheiten. Werner hatte meine jüngste Tochter aus Palermo zu sich bestellt, die Heilpraktikerin war und von deren beruflichen Fähigkeiten er viel hielt. Sie kam auch sofort und brachte den zweijährigen Ruggero mit; in meiner Wohnung war ja Platz genug. Sie ließ sich in der Röntgenabteilung Werners Kopfaufnahmen zeigen und stellte fest, dass sie den Tumor auf der rechten Seite nicht entfernt hatten, weil sie nicht drangekommen waren, und nur das Wasser abgesogen hatten, das die linksseitige Lähmung verursachte. Mit diesem Ergebnis wusste sie ihn zu behandeln und besprach alles mit ihm. Wie das Tumorwachstum sich entwickelte, war nicht vorauszusehen, aber mit den jetzt verordneten Medikamenten, die er auch nahm, lebte er ein wenig auf. Ich beantragte einen Rollstuhl mit einem Treppenlift, weil er im dritten Stockwerk wohnte. Wir hatten in diesem Jahr wunderschönes Frühjahrswetter, und ich konnte ihn täglich in der Karlsaue spazieren fahren. Beim Anblick der ersten Tulpen und Narzissen auf dem frischen Grün der Auen kehrte wieder ein Ausdruck von Freude in sein Gesicht zurück. Er interessierte sich auch wieder für das Tagesgeschehen aus der Tageszeitung und die Nachrichten im Fernsehen.

So vergingen zwei Monate, in denen wir immer mehr Lähmungserscheinungen der linken Seite feststellten. Sein 70. Geburtstag rückte näher. Als größte Überraschung für ihn hatten die deutschen Freunde in Bujumbura für Sr. Candida ein Reiseticket nach Kassel besorgt. Sie war ja in Burundi seine beste Freundin geworden. Er selber hatte wohl vier Söhne, aber keine Tochter, und weil er sich mit ihr so gut verstand, betrachtete er sie immer als seine afrikanische Tochter – und diese große Zuneigung und Verbundenheit war wechselseitig. Wie es auch heute noch eine Selbstverständlichkeit für Candida ist, dass sie zu mir »Mama« sagt und ich sie wie eine Tochter empfinde. Einen Tag vor Werners Geburtstag holte ich sie vom Bahnhof ab, und Sr. Candida betrat als Vortagsgeschenk unser Wohnzimmer. Werner lag zu der Zeit ganz im Bett, nur noch am Morgen schaffte er es unter großen Mühen ins Bad und an den gemeinsamen Frühstückstisch. In diesem Zustand erlebte er Candidas Besuch. Die beiden lagen einander in den Armen, und Werner weinte vor Freude. Candida ging es sichtlich ans Herz, ihren Papa so krank zu sehen.

Der nächste Tag kam und mit ihm viele Gratulanten. Candida half mir in der Küche, Kleinigkeiten für einen Büffettisch herzurichten. Auch die Kolpingschwestern standen uns eifrig zur Seite. Candida blieb eine Woche, danach trat für uns zwei wieder ein wenig Ruhe ein.

Im »Bonifatiusboten« las Werner dann, dass von den Maltesern eine Krankenwallfahrt nach Lourdes zur Marienverehrung zusammengestellt wurde. Er fragte mich: »Wenn ich da noch mal mit möchte, würdest du mit mir fahren?« Ich war erst erschrocken und fragte ihn: »Werner, was versprichst du dir davon?« Er sagte wörtlich: »Ich möchte einfach nur der Mutter Gottes an dem Ort, wo ich immer so gerne noch hin wollte, danke sagen für mein Leben und die Jahre mit dir.« Da konnte ich nur sagen: »Gut, ich mach das, aber bedenke die Strapazen für dich.« Seine Antwort war: »Wenn du bei mir bist, geht das.«

Die Anmeldung bei den Maltesern erfolgte unbürokratisch, da ich als Schwesternhelferin auch seine Begleitperson war. Am 25. Mai 92 wurde der Lazarettzug in Münster-Westfalen zusammengestellt. Für Werner wurde ein Liegerollstuhl beantragt. Bei unseren täglichen, immer kürzer werdenden Spazierfahrten in der Karlsaue fiel ihm das Sitzen trotz guter Abpolsterung immer schwerer. Vom Schreiner wurde eine Rampe für unseren Campingbus gefertigt, damit er mit dem Rollstuhl hereingefahren werden konnte, denn wir mussten ja erst von Kassel nach Münster. Dann war alles vorbereitet, und der Tag der Abreise kam. Mit tatkräftiger männlicher Hilfe ging der Rollstuhl in den Bus, bevor Werner auf das altgewohnte Bett in seinem Campingbus umgebettet wurde. Er war zufrieden. Und so sind wir zwei nach Münster gefahren, mit einer Zwischenpause zum Trinken und Essen. In Münster bei meinem Cousin, der uns am Bahnhof erwartete, konnten wir bis zu unserer Rückkehr den Campingbus abstellen. Ein Ärzteteam begleitete den Zug und unterhielt sich erst mit jedem Patienten und seiner Pflegeperson, die für die Nachtfahrt im Stockbett über dem Patienten einen Ruheplatz bekam, außerdem stand ein Stuhl neben dem Patientenbett, und jeder Bettlägrige hatte eine Urinflasche und eine Stuhlpfanne. Da Werner das Gefühl hatte, ich sei nicht da, wenn ich über ihm im Stockbett schlief, bereitete ich mit den Decken aus dem oberen Bett ein Lager neben seinem Bett. Es reichte schon, wenn unsere Hände sich berührten, dann war er ruhig und zufrieden. Ein Arzt ging immer wieder durch den Gang, um nach dem Rechten zu sehen.

Werner hat die Reise gut überstanden. Das Quartier war wie ein großer Lazarettsaal mit den vielen Krankenbetten, eigenes Pflegepersonal umsorgte die Kranken, während die Angehörigen in Privatquartieren untergebracht wurde. Am Morgen um acht Uhr konnten wir unsere Kranken wieder abholen, sie waren gewaschen und hatten gefrühstückt, Werners Liegerollstuhl stand schon bereit. Mit Krankenmessen in der Muttergottesgrotte, Krankensalbungen und Prozessionen unter einem großen Aufgebot an Krankenstühlen und Krücken vergingen die Tage wie im Flug. Werner wollte wohl alles mitmachen, schlief aber zeitweise in seinem Rollstuhl. Selbst am Krankenbad im Lourdes-Wasser wollte er teilnehmen. Ich war dagegen, weil es regnete, aber auch für schlechtes Wetter hatten die Malteser vorgesorgt und hielten große Regencapes für die Rollstühle bereit. Werner war am Ende ganz zufrieden.

Auf der Rückreise, die ich auf dem Stuhl neben seinem Bett verbrachte, war ich beunruhigt, denn er war so sonderbar still. Als ich nachfragte, sagte er nur: »Wann sind wir denn wieder zu Hause?« Auf meine Antwort, dass wir bald über die Grenze fahren und Frankreich verlassen würden, dann seien wir schon mal in Deutschland, nickte er. Nach einer kurzen Weile fing er an, ganz schwer zu atmen. Die Ärztin war sofort mit einem Beatmungsgerät zur Stelle und half ihm über den Anfall hinweg.

Genau nach anderthalb Stunden bekam er noch heftigere Atemnot, sodass wir wirklich dachten, es sei vorbei. Mit Hilfe des Beatmungsgeräts schaffte er es wieder durchzuatmen. Das Marien-Hospital in Münster war informiert worden, und ein Krankenwagen stand auf dem Bahnsteig bereit. Werner war zu nichts mehr fähig und lag mit geschlossenen Augen da. Mein Cousin, der mit unserem Bus am Bahnhof stand, konnte gleich wieder zurückfahren, während ich mit Werner ins

Krankenhaus fuhr. Dort verständigte ich seine Söhne und sie besuchten ihn in Münster.

Nach acht Tagen hatte sich Werner wieder ein wenig stabilisiert, und ich konnte ihn im Rollstuhl schon mal auf den Balkon seines Krankenzimmers schieben. Er wollte nach Hause, aber ich wollte ihn mit dem Bus nicht alleine fahren, das war ein zu großes Risiko – eine Meinung, die der Arzt teilte. Ein Krankenwagen brachte Werner nach Kassel und ich fuhr schon frühzeitig mit dem Campingbus nach Hause, damit ich da war, wenn er gebracht würde. Es klappte auch alles wie geplant. Werner war froh, wieder in seinen eigenen Wänden zu sein.

Doch von diesem Zeitpunkt an konnte er am Morgen nicht mehr aufstehen und mit seinem Gehwagen ins Bad. Die Kräfte verließen ihn, die linke Seite fiel ganz aus. Morgens zum Waschen kam eine Pflegekraft. Zeitungen und Nachrichten interessierten ihn nicht mehr, auch kein Besuch, mit Ausnahme des Kolpingpräses, Pfarrer Paul Pfahl, mit dem er seit vielen Jahren befreundet war. Pfarrer Pfahl spendete Werner die letzte Ölung, weil er und wir alle wussten, dass er nicht mehr lange bei uns sein würde.

Am 25.6.92 starb er nach einem erfüllten Leben in Gottes Frieden.

Obwohl der Schmerz über Werners Tod in mir eine tiefe Wunde hinterlassen hatte, begann ich den Dingen des Lebens um mich herum wieder mehr Zeit zu widmen. Doch immer wieder holte mich die Erinnerung ein, überfiel mich zu Zeiten, in denen ich nicht damit rechnete, und an Orten, wo ich nicht auf sie gefasst war. Klänge und Bilder kamen und gingen, zeigten sich im Spiegel der Erinnerung mal undeutlich und verschwommen, dann wieder so klar umrissen und lebendig, dass ich unwillkürlich in vergangene Zeiten zurückgeworfen wurde und mich der Schmerz und die alte Sehnsucht nach allem, was uns miteinander verbunden hatte, wieder überfluteten. Seine Stimme klang so nah und er war doch unerreichbar. Oft war mir, als spürte ich seine Hände, die mich berührten. Seither glaube ich, dass die Liebe auch die Brücke zum Jenseits ist. Schließlich, nach all den Strapazen und der Trauer, wurde mir eine Erholungskur in Bayern verschrieben.

## Afrika kehrt in meinen Alltag zurück

Unser gemeinsam begonnenes Projekt, das Behinderten- und Waisenzentrum in Gitega, brauchte mehr Hilfe. In die schriftliche Kontoführung in Zusammenarbeit mit den Weißen Vätern, und in das Verfassen der Rundbriefe für die Wohltäter hatte ich mich seit Werners Ausfall gut eingearbeitet. Ich hielt Diavorträge, veranstaltete in der Vorweihnachtszeit Basare mit afrikanischen Handarbeiten und bemühte mich um Spenden und Patenschaften für das Zentrum. Das Mutterhaus in Gitega reichte einen offiziellen Antrag für einen erneuten Jahreseinsatz beim SES in Bonn ein, der auch genehmigt wurde. Im Frühjahr 1993 packte ich wieder meine Koffer.

Vom Fensterplatz meines Fliegers aus war unschwer zu erkennen, wo wir uns befanden. Aus der Vogelschau sieht Burundi idyllisch aus: wolkenverhangene Berggipfel, bewaldete Hänge, grüne Täler und Savannen, dazwischen der silberne Spiegel des Tanganyika-Sees, groß wie ein Binnenmeer. Der Jubel und die Freude waren groß bei dem Empfang, den man mir bereitete.

Nach zwei Tagen in Bujumbura fuhren wir wie gewohnt nach Gitega. Im Gepäck hatte ich drei Strickmaschinen für die größeren gehbehinderten Mädels. Handstricken konnten sie schon gut, ins Maschinenstricken, das einmal eine zusätzliche Einnahmequelle für das Zentrum sein sollte, arbeiteten sie sich schnell ein. Die Baumaßnahmen des Zentrums waren vorangeschritten, das ganze Gelände war mit einer Heckeneinzäunung umgeben. Ich staunte, wie hoch und grün die Hekke schon war, denn erst Anfang November, vor der großen Regenzeit, war sie gepflanzt worden. Es gibt hier eben Pflanz- und Wuchszeiten, die wir von Europa her nicht kennen, und die Menschen wissen auf den Tag genau, wann die Bohnen in die Erde müssen oder die Süßkartoffeln, um kräftige Wurzeln ausbilden zu können. Ich hatte in den

Jahren zuvor von Sr. Candida viel gelernt: wann und wie oft im Jahr gesät und gepflanzt werden kann, immer unter Einbeziehung der Mond- und Sonnenzyklen, die genau beachtet werden, während das ganze Jahr über die hügelige Berglandschaft mit der Hacke bearbeitet wird. Die Menschen in Burundi leben von dem, was sie an Obst und Gemüse nach jahrhundertealter Tradition mit einfachsten Mitteln selbst anbauen. Fällt die große oder die kleine Regenzeit einmal aus, gibt es eine Hungersnot, im besten Falle eine einseitige Ernährung mit dem, was gerade da ist. Vorratswirtschaft ist in den Tropen nicht möglich. Das Wasser muss auf dem Land immer noch von weither geholt werden, und Strom gibt es nur in der Stadt. Aber die Menschen sind zufrieden und sehr gastfreundlich, vor allem uns Deutschen gegenüber. Hier in Gitega holen wir unser Wasser von der Deutschen Quelle, die noch aus der Kolonialzeit stammt und bei der Bevölkerung nur als solche bekannt ist. Das Wasser fließt aus einem alten Kanonenrohr. Diese Quelle ist Zapfstelle für Töpfe und Kanister, die von Kindern und Erwachsenen bis zu zehn Kilometer weit auf dem Kopf nach Hause getragen werden, in einem erstaunlich aufrechten Gang. Zugleich ist sie Waschstelle für die ganze Familie und für die Kleidung, die immer sehr bescheiden ausfällt. Die Deutsche Quelle fließt als nie versiegender kleiner Bach durch die Ebene der Berglandschaft weiter und wird auch unterwegs vielseitig genutzt.

Die durchschnittliche Lebenserwartung der Bevölkerung liegt bei 45 Jahren. 80 % der jungen Menschen leben in Burundi, knapp 30 % von ihnen können lesen und schreiben. Die Situation in den Familien mit einem behinderten Kind hat sich seit meinen ersten Aufenthalten in diesem Land, von 1980 bis heute, schon sehr verbessert. Analphabeten waren die Behinderten alle, wenn sie zu uns ins Zentrum kamen, denn sie hatten nie eine Gelegenheit gehabt, eine Schule zu besuchen. Heute werden behinderte Kinder nur noch in ganz seltenen Fällen von der Familie in den Hütten versteckt, wie früher, als der Aberglaube noch eine große Rolle spielte. Es gibt viele poliogeschädigte Kinder, die nicht geistig behindert sind, deren Fähigkeiten aber in irgendeiner Weise gefördert werden müssen. All dies ist bei der Planung dieses Zentrums bedacht worden. Es gibt Räume für Alphabetisierungskurse, Klassenräume für die verschiedensten handwerklichen Bereiche, Schlaf- und Waschräume, einen großen Speisesaal, alle stufenlos und für Rollstuhlfahrer zugänglich. Auch eine Schreinerei gibt es auf dem Gelände, in dem die für dieses Handwerk begabten Jugendlichen ausgebildet werden. Das ganze Jahr über herrscht auf dem Gelände ein emsiges Treiben und Werkeln.

Die politische Lage ist seit jeher gespannt, vor allen in den Grenzgebieten. In diesen Jahren der Aufbauphase hatten Sr. Candida und ich eine glückliche Begegnung auf dem Flughafen in Bujumbura.

An- und Abflug der Maschine vollzog sich immer in einem Zeitraum von zirka einer Stunde. Wenn wir aus dem Landesinneren Schwestern oder Gäste zum Flughafen brachten, blieben wir stets mit großer Selbstverständlichkeit am Ausgang der ankommenden Gäste stehen, in neugieriger Erwartung eines bekannten Gesichts. Für mich war es immer eine Freude, plötzlich deutsch sprechende Ankömmlinge zu hören. So war es auch mit einer Gruppe junger Leute, die Ausschau hielt nach ihrem Gastgeber, der sie abholen sollte. Nach kurzer Unterhaltung erfuhren wir von einem Briefwechsel mit dem damaligen Bischof Simon, in dem es um eine Terminabsprache ging. Ich war gut befreundet mit dem Bischof und wusste, dass er zurzeit nicht in Burundi weilte; offenbar hatte mal wieder der Postverkehr versagt, was zu dieser Zeit keine Seltenheit war. Die jungen Leute mit ihrem Pfarrer Ludwig Kamm hatten drei Wochen Ferien und wollten in Burundi vierzehn Tage helfen, Steine zu formen und brennen, und eine Woche die Schönheiten des Landes kennenlernen. Wir sagten zu ihnen: »So ein Programm können wir euch auch bieten, Platz zum Schlafen und Essen gratis haben wir zu der vielen Arbeit auch.« Wir waren mit unserem Bus am Flughafen und konnten die Truppe mitnehmen.

Aus dieser ersten Begegnung am Flughafen ist eine enge Freundschaft mit dem Zachäus-Haus entstanden. Pfarrer Ludwig Kamm hat immer wieder Besuche organisiert, und mit Sr. Candida und der Schwesternschaft verstand er sich gut. In seiner Pfarrgemeinde in Tönisvorst hatte er unter anderem zur Mithilfe bei der Bekämpfung der

Kinderarmut aufgerufen, die er nun bei seinen Besuchen hautnah miterlebte. Für mich selber war seine Bekanntschaft wie ein vom Himmel gefallener Stern, den ich nur noch aufzufangen brauchte. Pfarrer Kamm war zwanzig Jahre jünger als ich, verfügte auch über die Möglichkeit, Spendenbescheinigungen auszustellen, und konnte durch sein Pfarrbüro Hilfe bei der Kontoführung anfordern und die Informationsberichte an Freunde und Gönner verschicken, eine Arbeit, die mich viel Zeit kostete und unbedingt in jüngere Hände gehörte. Meine Frage an ihn, ob ich ihm dieses Amt übertragen könne, beantwortete er zunächst abschlägig; seine Pfarrei sei so groß und er habe so viel Arbeit. Auf einiges Drängen und Erklären hin hat Ludwig dann doch zugestimmt.

So wurde aus der glücklichen Begegnung am Flughafen eine tragfähige Partnerschaft mit dem Zachäus-Haus. Sooft Pater Kamm in Burundi war, strahlten die Kinder, vor allem die großen Jungen, mit denen er sich besonders gut verstand.

Im Mai 1994 gab es erst mal wieder Heimaturlaub. In Burundi, diesem kleinen Staat, der nicht größer ist als in etwa das deutsche Bundesland Hessen, kochte und brodelte es. Es war kein Krieg, wie wir ihn in Europa kannten, mit Bomben und Raketen, sondern er vollzog sich mit Macheten, Äxten, Beilen, Maschinengewehren und Minen im Dunkel der Nacht. Vier Wochen zuvor hatten sie bereits ihren vom Volk gewählten Präsidenten Cyprien Ntaryamira umgebracht. Die vielen Militärkontrollen auf der Straße von Gitega nach Bujumbura waren unangenehm, aber gehörten hier zum Alltag. Das Leben in unserem Zentrum ging weiter, die Baumaßnahmen waren abgeschlossen, nun konnten wir darangehen, das Haus einzurichten. Mit einer langen Liste all dessen, was zu besorgen war, flog ich nach Hause. Was in Deutschland bis zu meinem nächsten Senior-Einsatz am 16.12.1994 so alles für die Einrichtung des Zachäus-Hauses zusammengetragen wurde, geht aus meinen beiden handgeschriebenen Berichten vom 20. und 22. Oktober 1994 hervor:

PROJEKT NR. DCV 149-002/90 SH HAMBURG, DEN 20. 10. 94
BEHINDERTEN-ZENTRUM GITEGA BURUNDI

*Sehr geehrter Herr Dr. Würkner,*

*am Dienstag bin ich mit den Johannitern nach Hamburg gefahren. Dank des Einsatzes von Herrn Leupold aus Crailsheim kam auch die Spedition zur gleichen Zeit hier an. Ich hab mir für zwei Tage ein Zimmer genommen. Es hat alles mit den verschiedenen Sendungen nach hier geklappt. Der Container ist bis auf jeden Zentimeter ausgefüllt und verschlossen. Zusätzlich wollte ich ihn noch verschweißt haben, aus Sicherheitsgründen, was auch noch geschieht. Ein Rest von 18 Rollstühlen, je eine Massage- u. Krankenliege, 8 Krankenstühle, Kartons mit verschiedenen Gummibändern und Borten und einen Rest Stoffbestände konnten wir nicht mehr unterbringen. Die Lösung ergab sich sehr schnell. Herr Kuntze hat einen halben Container Papier für seine Fabrik in Bujumbura, wo ich nach Rücksprache zuladen kann, das passt sehr gut. Der Container geht ca. 10 Tage später ab Hamburg. Die Kosten denke ich hierfür vom Spendenkonto zu übernehmen. Eine Frage noch: Gibt es eine Versicherung für den Container durch die Caritas? Oder soll er durch Ami versichert werden? Sie können sich direkt mit Herrn Brauns in Verbindung setzen. Von Kassel aus schicke ich Ihnen die gesamten Rechnungsunterlagen.*

| | |
|---|---|
| *Firma Becker* | *7.400,25 DM* |
| *Firma Otto Bock* | *22.985,40 DM* |
| *Firma Emmerich* | *7.400,00 DM* |
| *Firma Quelle* | *6.996,60 DM* |
| *Firma Scheppach* | *2.908,75 DM* |
| | *47.691,00 DM* |

*Mit der MwSt. hierfür werde ich den Betrag, sobald er zusammen ist, an Caritas zurücküberweisen.*
*Packliste*

*Kassel, den 22.10.94*

*Mit der tatkräftigen Hilfe der Johanniter aus Kassel konnte die große Hilfsaktion von Sachspenden für das neue Behinderten- und Waisenzentrum in Burundi (Zentral-Afrika) ab Hamburg in zweieinhalb Containern auf die See- und Landreise geschickt werden. Durch die ständigen Unruhen vor allem in den Grenzgebieten Ruanda/Burundi ist schon jetzt eine Überbelegung mit zusätzlichen kriegsgeschädigten Behinderten und Waisen im Zentrum. Das Ziel: Die Kinder und Jugendlichen sollen neben ihrer Schulausbildung in eigenen Lehrwerkstätten je nach Begabung ein Handwerk lernen. Holz, Metall, Landwirtschaft mit Mühlbetrieb, Schreibmaschinenschreiben, Korbflechten, Sticken, Nähen oder Stricken, damit sie, geistig und handwerklich geschult, im selbständigen Leben bestehen können. 2 Container à 20 Fuß standen in Hamburg bereit zum Beladen. Von den Kasseler Freunden und Wohltätern für dieses Zentrum gingen in den letzten Wochen viele Aktivitäten aus.*

*Aus Duderstadt von der Orthopädischen Firma wurden Werkzeug und Material für eine Orthopädie-Werkstatt des Zentrums mitgeschickt. Für die Holzwerkstatt eine Drechselmaschine, von einer Großküchenfirma in Baunatal die ersehnten Biogasöfen, 20 Behinderten-Nähmaschinen und 10 Fußtretmaschinen von Quelle, große Kochtöpfe mit Geschirr, 300 stabile Trinkbecher mit Essschüsseln für die Kinder. Neckermann und C&A spendeten einen großen Posten Kinderkleidung. Die Kolpingfamilie Kassel unterstützte großzügig aktiv und finanziell.*

*25 Rollstühle u.a.m. konnten in einem Zusatz-Container mitverpackt werden. Die Werkzeug-Firma Würth stiftete Werkzeug für die Lehrwerkstatt von 40 Tausend DM, Schulmaterial, Nähgarn, Borten und Stoffe, alles, was für eine Starthilfe benötigt wird, wurde in die Container verstaut, dass kein Zentimeter Luft mehr da war. Wegen der schwierigen politischen Lage und Banditerei auf dem langen Landweg wurden die Container zusätzlich noch zugeschweißt. Von Dar es Salaam geht die Fahrt per LKW 2000 km durch Tansania nach Burundi. Am 15.12.94 soll der Transport in Gitega im Zentrum sein, wo ich ihn persönlich übernehmen werde. Zu begrüßen wäre, wenn ein*

*handwerklich begabter Ruheständler den Mut und die Bereitschaft hätte, beim Aufstellen und Zusammensetzen der verschiedenen Geräte mit dem Senior-Experten-Service im Zentrum zu helfen.*
*Danke an alle Freunde und Wohltäter. Nur mit Ihrer Hilfe war es bisher möglich, für die Kinder und Jugendlichen dieses »Zachäus-Haus« in Gitega zu schaffen und die einheimischen Schwestern des Bene-Terezya-Ordens in ihrem Mut, dieses Projekt zu führen, zu unterstützen.*

*Das Konto bei den Afrikamissionaren »Weiße Väter« Köln*
*Verwendungszweck*
*Behinderten-Zentrum Gitega, »Zachäus-Haus«*

*Das Geld steht ohne Abzug von Verwaltungsgebühren den Schwestern zur Verfügung.*

*Mit freundlichen Grüßen*
*Hannelore Klabes*

Pünktlich am 15.12. konnte ich in Gitega die Container aus den Zollkontrollen bekommen. Auch ein Rundschreiben mit der Frage nach einer männlichen Hilfsperson hatte Erfolg gehabt: Franz Knoll, ein Neffe des verstorbenen Paters, hatte es möglich gemacht, für drei Monate zu helfen. Es war wie ein Geschenk des Himmels für alle. Franz Knoll war ein Mann, der vom Praktischen her einfach alles konnte und von dem die Arbeiter in dieser Zeit viel gelernt haben. Zudem brachte er die nötige Geduld mit. Die Mentalität der Menschen hier ist nun einmal ganz anders als die der Europäer, was bei allem berücksichtigt werden muss – und das konnte er. Er ist leider schon im frühen Rentenalter in Hechingen gestorben.

Das Weihnachtsfest und die Jahreswende 1994/1995 war für die Kinder etwas ganz Besonderes. Im Container waren genügend Kleidungsstücke für sie, und wir haben tagelang gesessen und sortiert, um für jeden etwas Passendes zu finden und Geschenkpäckchen zu machen, die mit bunten Luftballons verziert wurden. Die Freude war überwältigend. Es wurde gesungen, geklatscht und getanzt, mit und ohne Krücken. Es hatte wirklich für die Kinder den Anschein, endlich in einer Oase des Friedens angekommen zu sein.

Außerhalb des Heckenzaunes sah es ganz anders aus. Was in den Köpfen der Erwachsenen kochte, brodelte und immer wieder überkochte, war für die Kinder nicht zu verstehen. Aber sie waren die Leidtragenden, die ohne Eltern und zum Teil verkrüppelt aufwachsen mussten.

Die Hauptstraße von Gitega nach Bujumbura zu befahren wurde immer gefährlicher. Entweder schossen die Soldaten der Tutsi- oder die der Hutu-Milizen. Der Rachefeldzug nahm wieder erschreckende Ausmaße an, ein erbarmungsloser Streit der Volksgruppen, die sich periodisch massakrierten, und dessen blutige Spuren sich durch die Geschichte Burundis ziehen. 1972 wurden in Burundi 200.000 Hutu-Männer, die lese- und schreibkundigen Angehörigen der Unterschicht, von der Tutsi-Armee ausgelöscht.

Es eskalierte wieder so, dass ab 18 Uhr Ausgangssperre war. Sie schossen zuerst und wollten dann erst wissen, wer du bist. Es waren schon verschiedene Europäer erschossen worden, und die deutsche Botschaft konnte die Verantwortung nicht mehr übernehmen. So wurde auch ich mit einem kleinen Flieger für acht Personen von Gitega aus zum Flugplatz nach Bujumbura gebracht und am 25. März 1995 ausgeflogen. Der Abschied von den Kindern und Schwestern war schon schwer, niemand wusste, was auf sie zukam. Räuberbanden zogen des Nachts herum und schossen, oder das Militär schoss. Sie lebten immer im Angstzustand, wenn es Abend wurde. In Deutschland wurde wenig Notiz von diesem kleinen Burundi genommen. Der Senior-Experten-Service in Bonn und Verwandte und Freunde, die die politische Lage verfolgt hatten, waren froh, dass ich heil zurückkam.

Am 30. April 1995 schickte mich der Senior-Experten-Service nach Russland zu einer Behinderten-Nähwerkstatt, die Arbeitskleidung für Kasernen in Auftrag genommen hatte und mit der Stoffberechnung und dem Zuschneiden nicht zurechtkam. Sie hatten den SES in Bonn um Hilfe gebeten, die ihnen für vier Wochen genehmigt wurde. Der Nähleiter für die Behinderten war ein ehemaliger Soldat aus der Kasernenschneiderei, der Deutsch konnte und als mein Dolmetscher fungierte, daher war ihm der Antrag genehmigt worden. Eine Unterkunft fand ich in seiner Familie. Aber Zuschneiden konnte er gar nicht. Jedes Hosenbeinmuster legte er einzeln großzügig auf den Stoff und hatte daher einen enormen Verschnitt und kistenweise Stoffabfälle. Es war klar, dass er nie die festgelegte Stückzahl aus den gelieferten Stoffballen bekam. Doch nach den vier Wochen beherrschte nicht nur er das stoffsparende Zuschneiden, auch die Belegschaft war nahezu perfekt darin geworden.

Ich konnte feststellen, dass es nicht nur in Afrika Armut gibt, auch hier waren die Menschen zu einer sehr bescheidenen Lebensweise gezwungen, wenn sie die kalten Jahreszeiten, in denen der Lebensunterhalt für sie sehr kostspielig war, heil überstehen wollten. Fast jede Familie hatte einen Garten oder Grabeland, aus dem sie einen Teil ihrer Ernährung bestritt.

Vier Wochen mit einem vollen Programm waren schnell vergangen.

In Burundi trieb der Krieg die leidende Bevölkerung über die Grenze nach Tansania in große Flüchtlingslager. Auch im Land selbst wurden sie schon wieder in geteilten Lagern zusammengepfercht, weil ihre Hütten und Häuser eingeschlagen, ausgeraubt oder abgebrannt waren.

Ein Anruf noch in den späten Nachtstunden von Sr. Candida, die in völlig aufgelöster Verfassung war, ließ mich so erschrecken, dass ich keine Ruhe mehr fand. »Mama, die Räuber waren mit Gewehren hier und haben uns überfallen! Weil sie mit dem Geld, das ich im Haus hatte, nicht zufrieden waren, haben sie alle Schlafdecken mitgenommen, auch die der Kinder. Es war ganz schlimm für uns, wir haben alle um unser Leben gebangt.«

Ich war entsetzt. Die Räuber konnten nicht durch das verschlossene Tor gekommen sein, an dem der Nachtwächter sitzt, sie mussten durch die Buschhecke gedrungen sein. Danach überlegten wir ernsthaft, eine Mauer um das Zentrum zu errichten, zumal man überall im Land dazu überging, die traditionellen Kubus (das Haupthaus für das Familienoberhaupt, die kleinen Hütten für die weiteren Familienmitglieder, nach Geschlecht getrennt, und den für die Viehstallungen abgeteilten Vorhof) nicht mehr mit kunstvoll geflochtenem Buschholz einzuzäunen, sondern mit Mauern. Diese bestanden zunächst aus getrockneten Lehmbacksteinen, die aber nicht von langer Dauer waren, sodass man die viel in Familienbetrieben hergestellten Lehmsteine durch Brennen haltbarer machte. Im Laufe der vielen Krisenjahre igelten sich immer mehr Häuser und Hütten hinter hohen Mauern ein, wodurch sich an vielen Orten das Landschaftsbild veränderte. Die Sicherheit der Kinder und Schwestern hatte jedoch Vorrang, und so sammelten wir für eine Sicherheitsmauer um das Zentrum herum, die aus Natursteinen aus dem Steinbruch gebaut werden sollte, mit Lehmspeiß und von außen mit Zement verfugt. Da es in Burundi keinen Zement gab, wurde er von Zaire aus mit dem Schiff nach Bujumbura geliefert. Die mit der Zeit erfahrene Baumeisterin Sr. Candida hat ihre Aufgabe gut gemeistert, und bald konnte das Zentrum im Schutze der Mauern offiziell eingeweiht werden.

Die politische Lage besserte sich nicht, und so gab es auch keinen SES-Einsatz für mich. Der Flughafen war teilweise gesperrt, aber Pfarrer Ludwig und ich gehörten eben zur Zachäus-Haus-Familie, und so flogen wir mit großer Selbstverständlichkeit zum Fest. Die Visa bekamen wir ohne Schwierigkeiten in Bonn von der burundischen Botschaft, während das Auswärtige Amt vor Reisen nach Burundi warnte.

Am 9.2.1996 begann die Reise. Sr. Candida war informiert. Wir wussten, dass der Flughafen von Bujumbura nicht angeflogen wurde, daher flogen wir bis Kigali in Ruanda. Ankunft 19 Uhr bei vollkommener Dunkelheit; der sternenklare Himmel in Afrika ließ um diese Jahreszeit noch auf sich warten. Uns war die Adresse einer nahe gelegenen Missionsstation bekannt, und wir fuhren mit dem Taxi hin. Aber wir hatten kein Glück: Hinter den hohen Mauern bewegte sich nichts mehr. Auch der zweite Versuch, ein Quartier zu finden, endete erfolglos. Es wurde immer später, bis wir endlich in einem Hotel unterkamen, allerdings konnte man uns dort nur ein Doppelzimmer anbieten. Es war in dem Moment egal, Hauptsache, wir waren von der Straße und konnten uns nach der langen Sitzreise lang machen, die Augen schließen und uns für den nächsten Tag ausruhen.

Am Morgen holte Sr. Candida uns am vereinbarten Treffpunkt ab. Wir waren noch einen ganzen Tag mit dem Auto unterwegs, durch Ruanda bis zum Grenzübergang bei Kayanza und dann nach Gitega. Hier hatte sich vieles verändert: Die Außenmauer um den ganzen Zentrumsbereich war fertig, und durch die Natursteine war sie nicht nur stabil, sondern sah auch gut aus. In der Nähstube lagen die Kleider für die Kinder, die die feierliche Einweihung mitgestalteten, fertig genäht bereit, und auch sonst waren alle Vorbereitungen getroffen.

Der Erzbischof von Gitega und Pfarrer Ludwig Kamm zelebrierten den feierlichen Gottesdienst. Die Kinder, mit und ohne Krücken, sangen und tanzten mit einer Freude, die ergreifend war, es schien, als sängen und tanzten sich diese elternlosen und kriegsgeschädigten Kinder ihre bedrückten Seelen frei. Mit dem Waffeleisen, das ich mitgebracht hatte, wurden 320 Waffeln gebacken, außerdem gab es Bohnen, Reis und ein Sorghogetränk. Das war der Abschluss der Einweihungsfeier des Behinderten- und Waisenzentrums in Gitega.

Sechs Wochen nach der Einweihung des Zentrums wurde der Erzbischof auf der Fahrt von Gitega nach Bujumbura in seinem Auto erschossen. Wie immer in diesem Land, konnten die Attentäter, die ihre Opfer auf der Straße gezielt aus dem Hinterhalt ermordeten, nicht ermittelt werden, es wurde nur vermutet und gemunkelt. In den letzten Jahren waren der römische Nuntius, Journalisten, der Präsident, Hunderte von Studenten in ihren Internaten, kurzum alle, die als unbequem galten, heimtückisch aus dem Weg geschafft worden. Das Misstrauen unter den Menschen war allgegenwärtig, jeder hatte Angst vor seinem Gegenüber. Leidtragende waren wie immer vor allem die Kinder. Es war nur gut, dass ich nicht alles verstand, was da so in aufgeregtem Kirundi gesprochen wurde, und Schwester Candida, das wusste ich, erzählte mir nur, was mich nicht beunruhigen konnte. Aber es lebten ja noch ein paar deutsche Missionare der Weißen Väter in Gitega, die mich stets über die aktuellen Geschehnisse im Land unterrichteten und mich zur Vorsicht mahnten.

Nach zwei Monaten flog ich zunächst wieder mal nach Hause, mit viel Fotomaterial und meinen ständig geführten Tagebüchern. Mich empfing ein richtiges Aprilwetter in Deutschland. Das Angebot, im Offenen Kanal Kassel einen Film zusammenzustellen, nahm ich gerne an, ungeachtet der Herausforderungen, die vor allem darin bestanden, mit der Technik fertig zu werden, die mir bis dahin völlig fremd war. Doch ich fand schnell Gefallen an meiner neuen Tätigkeit. Die Arbeitsstunden, die ich im Studio verbringen wollte, mussten früh genug im Kalender eingetragen werden, und die drei oder vier Stunden, die ich hatte, vergingen viel zu schnell, sodass ich mir immer frühzeitig den Wochenend-Schlüssel besorgte, meine Mahlzeiten mit ins Studio nahm und so in aller Ruhe arbeiten konnte. Es standen zwei Studioplätze zur Verfügung, und so hatte ich immer jemanden zur Seite, mit dem ich mich bei Fragen und Problemen austauschen konnte. Die Filmlänge sollte 60 Minuten nicht überschreiten, das Material musste ausgewählt, zusammengefügt, geschnitten und die Filmsequenzen mit Kommentaren hinterlegt werden, am Ende habe ich den Film noch mit leiser Musik untermalt. Es dauerte drei Monate, bis der Film sendereif war, aber am Ende war ich glücklich über die gelungene Dokumentation, die dann noch mehrere Male gesendet worden ist.

Jede Gelegenheit in Deutschland wurde genutzt, mit Diavorträgen für Patenschaften zu werben, über das Spendenkonto von Pfarrer Ludwig Kamm, der die Schwestern in ihrer Arbeit für die Kinder tatkräftig unterstützte. Unsere Besuche stimmten wir aufeinander ab, um so den Kindern zu zeigen, dass sie auch in der schweren Zeit nicht alleine waren.

Für mich selber begann zu Hause eine schwere Zeit. Meine älteste Tochter, als leitende OP-Schwester im Krankenhaus tätig, erkrankte Anfang des Jahres an Krebs. Mich ängstigte die Diagnose sehr, während sie selbst voller Zuversicht war. Nachdem ihr Chef sie operiert hatte, erholte sie sich auch relativ rasch und bekam noch eine Reha-Maßnahme an der Nordsee. In diesen Monaten vollzog ich einen Wohnungswechsel in eine kleine, ebenerdige, barrierenfreie Wohnung, denn die siebzig Stufen zu meiner alten Wohnung fielen mir doch oft schwer beim Hochtragen der Taschen mit all den lebenswichtigen Einkäufen. Immer wieder meldete sich meine Arthrose und war besonders im feuchtkalten Herbst sehr aggressiv und schmerzhaft. In Afrika, wahrscheinlich wegen der gleich bleibenden Wärme, hatte ich keine Probleme mit solchen Symptomen.

Ende Sommer 1997 meldete sich der SES. »Frau Klabes, wir brauchen Sie für eine Schneiderei in Indien, nach Burundi können Sie vorläufig nicht vermittelt werden – wir schicken Ihnen mal die Anfrage zu.«

Ich hatte in dem Sommer beim Besuch meiner Schwester in Bad Wildungen einen Witwer kennengelernt, Friedhelm, der gelernter Schreiner war, und im Gespräch mit dem SES erfuhr ich, dass sie für dieses Indien-Projekt auch noch einen Schreiner suchten, am selben Ort, in Triwandrium an der Südspitze von Indien. Friedhelm erklärte sich bereit, das Projekt zu übernehmen. Von meiner Tochter und auch meiner 92-jährigen Mutter, die ich vor jedem Auslandseinsatz fragte, ob alles in Ordnung sei, bekam ich das O. K. Und so flogen Friedhelm und ich im Oktober zu einem Sechs-Wochen-Einsatz nach Indien.

Betreut wurden wir von einer Deutsch sprechenden Inderin, die in Freiburg Volkswirtschaft studiert hatte und die Vermittlerin dieser beiden Projekte war. Friedhelm kümmerte sich um sein Schreiner-Projekt, während auf mich zwölf junge Damen aus Fischerfamilien warteten, die sich in einer Produktionswerkstatt zur Herstellung von Arbeits-Overalls eine Verdienstmöglichkeit erhofften. Es fehlte ihnen jedoch an Kenntnissen im Zuschneiden und im Erstellen von Schnittmustern in den verschiedenen Größen.

Dem Vorschlag einer Vertragsverlängerung konnte ich jedoch nicht zustimmen, weil mit Pfarrer Kamm eine Reise nach Burundi geplant war, die mir sehr am Herzen lag. Aber es kam anders.

Am 18.12.97 faxte ich Pfarrer Kamm folgenden Brief:

*Lieber Ludwig,*

*von Indien zu berichten würde den Rahmen sprengen, später mal. Burundi ist und bleibt mein Land. Zurzeit habe ich aber große Familienprobleme. Als ich abflog, war meine Tochter auf einem guten Besserungsweg. Ende November kam dann doch der nächste Schock für sie. Die Leber war befallen. Der Professor in Hannover hat die halbe Leber entfernt. Mein Schwiegersohn erklärte mir, dass sie danach schon wieder auf dem Gang spazierte. Bei der Nahrungsaufnahme fingen die Schmerzen im Bauch wieder an. Niemand, weder der diensthabende Ärzte noch die Schwestern, glaubte es ihr und reagierte auf ihre Beschwerden. Bis sie selbst zum Telefon griff, ihren Chef anrief mit der eindringlichen Bitte, er möge sie sofort hier rausholen. »Die lassen mich hier mit meinen Schmerzen sterben, sie glauben mir nicht.« Er hat sie beruhigt mit den Worten: »Ich komme sofort.« Hat aber gleichzeitig den Professor angerufen, der sie operiert hat. Als ihr Chef aus Kassel kam, lag sie noch im OP. Was war passiert? Alles, was sie nach der Leberoperation gegessen hat, ist in den Bauch gegangen, nicht in den Magen. Diese Entzündung war so schlimm, dass man sie für 21 Tage ins Koma versetzte, weil anders eine Behandlung des offenen Bauches nicht möglich war. Mein Schwiegersohn ist täglich nach der Arbeit nach Hannover gefahren, um seine scheintote Frau zu besuchen. Sie ist genau nach 21 Tagen aufgewacht, vollkommen kraftlos. Ihren Wunsch, der eigentlich noch nicht zu erfüllen ist – »Holt mich bitte sofort nach Hause in mein Krankenhaus« – haben wir versucht zu erfüllen. Ihr alter Chef erklärte ihr, wie schwierig es ist mit diesem offenen Bauch, der nicht zugenäht werden konnte, sondern von innen her heilen musste.*

*Wir wurden uns dann einig. Die Mutter bleibt im Krankenhaus bei ihr. Ich werde die Pflege mit übernehmen. Es ist alles vorbereitet, morgen wird sie hier nach Kassel in ihr Krankenhaus verlegt. Wir können nur für sie beten, darum bitte ich Dich: Sprich*

*mit Sr. Candida, den Schwestern und den Kindern. Sie kennen Beate gut von ihrem Besuch bei mir 1990 im Noviziat. Dir wünsche ich eine Gnadenreiche Weihnachtszeit.*
*Hannelore*

Die Wochen mit der offenen Bauchwunde vergingen. Jeden Millimeter registrierten wir beim Kleinerwerden der Wunde. Beate war sehr tapfer und hatte einen ungebrochenen Lebenswillen. Nach und nach fingen wir an, mit ihr zunächst im Zimmer auf und ab zu gehen, damit sich ihre Beinmuskeln wieder stabilisierten. Eine Reha-Klinik mit spezieller Krebsnachbehandlung gab es in Wilhelmshöhe, nur zehn Minuten Fußweg von meiner Wohnung entfernt. Als die Krankenkasse die Nachbehandlung in diesem Haus genehmigte, waren wir froh, denn so konnte ich Beate ohne große Strapazen für mich immer besuchen. Aber leider mussten wir noch warten, bis der letzte Millimeter der Bauchwunde zugewachsen war, vorher wurde sie nicht aufgenommen.

Endlich war es so weit. Die Reha-Maßnahmen in dem Haus haben Beate noch mehr in ihrem Willen bestärkt, die Krankheit zu überwinden. Von ihrer Zeit im Koma erzählte sie, dass sie einen schwarzen Totenmann mit einer Sense vor Augen gehabt habe, dem sie immer zugerufen habe: Nein, noch kriegst du mich nicht! Dieses Bild erscheine ihr noch oft im Schlaf. Nachmittags, wenn keine Kurse oder Behandlungen auf dem Plan standen, ging ich mit ihr oft im Park spazieren. Sie forderte sich immer mehr, sodass ich sie schon bremsen musste. Ihr Mann motivierte sie zusätzlich, und von der Klinik wurde Sport empfohlen. So plante sie schon wieder, mit ihrem Mann eine einwöchige Fahrradtour zu unternehmen, und dafür übte sie täglich. Bald war sie wieder so zu Kräften gekommen, dass sie mit ihrem Mann wirklich eine Radtour machte, zu Freunden in Bayern. Des Weiteren schmiedete sie Pläne für den Bau einer Garage auf ihrem Grundstück. Der Psychologe, der sie von der Klinik her noch betreute, ermunterte sie und gab ihr den Rat, alles zu tun, woran sie Freude habe.

Für drei Wochen flog ich noch einmal nach Burundi. Die Kolpingfamilie in Kassel und viele Freunde hatten in Papenburg wieder zwei

Container zusammengestellt und auf die Reise geschickt, die während meines Aufenthaltes in Gitega eintrafen. Von einer Bundeswehrauflösung in Hildesheim war ein Stromgenerator mitgeschickt worden, das Krankenhaus in Nürnberg stiftete neue, pflegeleichtere Bettwäsche aus gutem altem Damast, und vieles mehr konnte verschifft werden – es würde den Rahmen sprengen, alles aufzuzählen, was Freunde und Bekannte ermöglicht haben, um dem Zentrum in der schweren Zeit behilflich zu sein. Denn auf dem langen, langen Weg zum Frieden für dieses Land war immer noch kein Licht in der Dunkelheit zu erkennen.

# Abschied und Neubeginn

Meiner 94-jährigen Mutter merkte ich nun doch immer mehr das Altern an. Für die Feiertage holte ich sie zu mir. Beate fuhr Weihnachten und zur Jahreswende erstaunlicherweise mit ihrem Mann schon wieder zum Skilaufen nach Bayern.

Aber für meine Mutter fing das Jahr 1999 nicht gut an. Ihr Wille, sich noch eigenständig zu versorgen, ließ nach, die Altersdemenz rückte in den Vordergrund. Ich löste ihren Haushalt in Bochum auf, und sie blieb bei mir und bekam mein Schlafzimmer. Die erste Zeit waren noch tägliche Spaziergänge mit dem Gehwagen möglich, sie fühlte sich wohl und war zufrieden. Ihre Lieblingsbeschäftigung war Kartoffeln- und Karottenschälen. Bis ins hohe Alter hinein war ihr wichtigster Gedanke: Was kochen wir zu Mittag, was kann ich im Sitzen tun?

Bei Beate meldete sich erneut der Krebs. Sie kam noch einmal in die Habichtswald-Klinik, der Tumormarker stieg und fiel. Zur Chemotherapie fuhr ich sie immer nach Bad Wildungen. In dieser Zeit half mein Freund Friedhelm oft aus und besuchte meine Mutter, wenn ich bei Beate war. Mit 95 war meine Mutter in der Wohnung gestürzt und hatte sich einen Oberschenkelhalsbruch zugezogen. Sie kam ins Krankenhaus und anschließend in eine Reha-Klinik in Bad Soden-Allendorf, um das Laufen wieder zu lernen. Friedhelm hatte sich in der Nähe der Klinik ein Zimmer genommen, um meine Mutter jeden Nachmittag besuchen zu können.

Zur gleichen Zeit begann Beate ihren furchtbaren Leidensweg im Endstadion der Krebserkrankung. Die Schmerzpflaster auf ihrem Rükken halfen nicht mehr viel, aber sie wollte in kein Krankenhaus mehr. Der Pfarrer aus der Gemeinde besuchte sie oft, er war ein sehr gütiger Mensch und seine Besuche taten Beate immer gut. Ich war häufig bei ihr, vor allem in den schlimmen Nächten; dann schlief ich neben ihr, denn mein Schwiegersohn musste am nächsten Tag arbeiten. An den Wochenenden war er bei ihr und konnte sich rund um die Uhr um sie kümmern.

Am 1. Juli 2000 hatte meine Tochter ihr Leiden überstanden und starb im Frieden mit Gott.

Meine Mutter hatte ich dann noch ein Jahr bei mir. Sie brauchte nicht so zu leiden wie Beate, sondern ist 2001 mit 96 Jahren ganz ruhig eingeschlafen.

Ich brauchte schon etliche Monate, um wieder einigermaßen ins Gleichgewicht zu kommen. Doch mein Freund Friedhelm stand mir in dieser Zeit mit rührender Anteilnahme und Feinfühligkeit zur Seite. Meine jüngste Tochter lebte mit ihrer Familie in Palermo, mein jüngster Enkel war 1998 geboren worden, und sie stand noch voll im Berufsleben. Auch meine Söhne, meine Schwiegertochter und Enkelkinder standen mitten im Berufs- und Alltagsleben. Das Leben ging weiter.

Im Oktober 2001 flog ich mit Friedhelm für drei Wochen nach Burundi. Der lange Weg zum Frieden hatte immer noch nicht sein Ende erreicht: abendliche Ausgangssperren, Straßensperren, und irgendwo im Land gab es immer Schießereien. Den Schwestern wurden immer wieder aufgefundene Waisenkinder vor das Eingangstor gelegt. Das Zentrum war überfüllt in diesen Zeiten, doch die Schwestern haben es hervorragend gemeistert, den Kindern innerhalb der Mauern eine Oase des Friedens zu geben, unterstützt von Pfarrer Ludwig, der nicht müde wurde, ihnen aus Spendengeldern Hilfe zukommen zu lassen. Mit meinen Freunden Lydia und Dieter aus Bujumbura verbrachte ich in ihrem Haus in Ronco, Oberitalien, sehr gute Zeiten, und Friedhelm hatte in Heiligenhafen an der Ostsee eine Ferienwohnung, die uns von Zeit zu Zeit zu schönen Erholungsaufenthalten diente.

Vom 20. März bis zum 20. April 2003 flogen wir einmal mehr gemeinsam nach Burundi. Was so überall in den Werkstätten und der

Nähstube fehlte, wussten wir ja, und so war es auch diesmal ein Flug mit Übergepäck.

Zum Jahresende zeichnete sich eine Beruhigung der Auseinandersetzungen zwischen den Tutsi- und Hutu-Gruppen ab, und so wagten wir es erneut: Am 14. Dezember 2004 flogen wir, in Begleitung unserer Kolpingschwester Gudrun, die das Zentrum kennenlernen wollte, von dem sie durch Vorträge und Bilder schon so viel erfahren hatte. Sie war eine ehemalige Lehrerin und jetzt im Ruhestand. Es war wunderbar, wie sie sich mit den Kindern beschäftigte, alle wollten von ihr Deutsch und Handarbeiten mit den mitgebrachten Garnen, Strick- und Häkelnadeln lernen. Mit so vielen lebensfrohen Kindern das Weihnachts- und das Neujahrsfest zu erleben war für uns und die Kinder etwas Einmaliges. Wir hatten in Bujumbura ein paar Ballen sortierte Gebrauchtkleidung für Kinder gekauft, sodass für jedes Kind ein Päckchen gepackt werden konnte. Noch ein Stück Seife, eine Mappe und Schreibzeug dazu, dann war die Freude vollkommen. Luftballons schmückten den Saal, und das Singen und Tanzen nahmen kein Ende. Es war für Schwestern und Kinder wie eine Seelentherapie, dass wir trotz der Krise kamen, denn ansonsten sahen und hörten sie nichts von der Außenwelt. Burundi war immer noch ein Land ohne Tageszeitung, und im Radio hörten sie nur, was sie hören sollten.

Doch auch diese Zeit ging zu Ende, mit einem großen Abschiedsfest für »Oma«. Ich hatte ihnen gesagt, dass ich aus Altersgründen die weite Reise wohl kein weiteres Mal antreten könnte. Sie respektierten das, sagten jedoch im gleichen Atemzug: »Nein, Oma, du bist nicht alt, und wenn, dann pflegen wir dich.« Nun ja, es war gut gemeint. Aber ich dachte doch an mein schönes Zuhause, das ich im Alter genießen wollte. Lydia und Dieter hatten die Vollmacht über die Seifenfabrik in Bujumbura ihrem Sohn Mathias übertragen und lebten aus gesundheitlichen Gründen jetzt in München, wo sie im Augustinum eine Wohnung für betreutes Wohnen hatten.

Mit Friedhelm unternahm ich noch viele Fahrradtouren. Meinen 75. Geburtstag feierte ich im größeren Rahmen mit Verwandtschaft und Freunden im Kolpinghaus, wo meine Kolpingschwestern ein tolles

Büffet vorbereitet hatten. Alle Cousinen und Cousins aus Nah und Fern, die noch kommen konnten, freuten sich über das Wiedersehen. Mein Sohn schenkte mir einen Computer, mit dem ich mich dann auch eisern beschäftigt habe, einen Freizeit-Leerlauf gab es nicht, und dieser Zauberkasten faszinierte mich immer mehr. Da mein treuer Freund Friedhelm nur zum Wochenende nach Kassel kam, hatte ich Zeit und Ruhe für mein neues Hobby.

Einen Plan, nach Burundi zu fliegen, gab es für die nahe Zukunft nicht – der war ganz hinten in eine Schublade gelegt worden.

# Artemisia annua, die »Wunderpflanze«

Seit dem 20. August 2004 ging wieder die Angst um in Burundi. Sie waren am späten Abend gekommen, als die meisten Flüchtlinge im UN-Auffanglager Gatumba schon schliefen. Etwa eineinhalb Stunden wüteten die Angreifer der FNL, der letzten in Burundi noch aktiven Rebellengruppe der Hutus, in dem Camp. Gezielt suchten und töteten sie über 160 Angehörige der Banyamulenge, einer ethnischen Gruppe der Tutsi, die erst im Juni vor Kämpfen geflohen waren. Die wehrlosen Opfer des Massakers, meist Frauen und Kinder, wurden erschossen, in ihren Hütten verbrannt oder mit Buschmessern getötet. Bis zu dem unvorstellbar brutalen Überfall war es lange still gewesen um Burundi, dem zentralafrikanischen Zwillingsstaat von Ruanda.

Seit längerer Zeit verhandelten die Vereinten Nationen mit allen beteiligten Rebellengruppen, um den Frieden im Land wieder herzustellen. Wie trügerisch dieser Friede noch war, wurde mit dem Überfall auf das Flüchtlingslager offenkundig.

Durch die jahrelange Verbindung mit Baden Württemberg wurde ich vom Landtag zu Entwicklungskongressen, zu Vorträgen und Burundi-Treffen eingeladen, die ich auch gerne besuchte. Hier trafen sich Menschen mit dem gleichen Anliegen.

Auf einer solchen Veranstaltung hielt Anfang 2005 Dr. Hans-Martin Hirt, der Geschäftsführer des Vereins *anamed international* (Aktion Natürliche Medizin), einen Vortrag über die Heilpflanze *Artemisia annua*, die er in Zaire, dem heutigen Kongo, und in anderen Tropengebieten erfolgreich im Kampf gegen die Malaria einsetzte. In seinem Vortrag präsentierte er seine über 10-jährige Arbeit und die Erfolge mit dieser Heilpflanze. Während ich zuhörte, gingen meine Gedanken nach Burundi, wo ich das Elend, das die Malaria verursacht, gar zu oft miterlebt hatte. Das Land verliert durch die Malaria jährlich mehr Menschen, vor allem Kinder, als durch die Immunschwächekrankheit Aids. Ich unterhielt mich mit Dr. Hirt und trug ihm mein Anliegen vor, eine Möglichkeit für Burundi zu finden, denn durch die ständigen Unruhen im Land gab es noch keinen Plan für Burundi. Um es kurz zu machen: Dr. Hirt schlug vor, dass ich das übernehmen solle, weil mir das Land und die Menschen vertraut seien. Er selbst werde mich voll dabei unterstützen.

Also besuchte ich seine Seminare, flog für das sogenannte Praktikum mit ihm im Februar 2005 zu einem Seminar nach Malawi. Zu Hause in Kassel begann ich unverzüglich, alles Erlernte, vom Säen, Pflanzen, Ernten, Trocknen bis zur Rohstoff-Anwendung, umzusetzen.

Am 1.11.2005 flog ich für vier Wochen nach Burundi. Vergessen war die offizielle Verabschiedung von den Kindern und Schwestern: »*Nagasaki, Amahoro* – macht es gut, der Friede sei mit euch.« Im Garten unseres Zentrums setzten wir die ersten schon vorgezogenen Artemisia-annua-Pflanzen, die die Reise in meinem Rucksack gut überstanden hatten. Informations-Bücher und Dias für eine Bilddemonstration hatte mir Dr. Hirt mit auf die Reise gegeben. Der Samo Alexander, den ich als meine rechte Hand für dieses Projekt vorgesehen hatte, war begeistert. Aber das besagt bei einem Burundier noch gar nichts. Wenn keiner mehr vor Ort ist, sehen sie keinen Sinn darin, etwas Neues zu beginnen, die Begeisterung ist schon mit dem Tag der Abreise hinfällig. Aber der Grundstock war gelegt, das gute Wachstum der Pflanze beflügelte sie, zumal Sr. Candida, nachdem ich wieder zurückgeflogen war, streng auf die genaue Einhaltung meiner Anweisungen achtete.

Zu Hause erreichte mich die Nachricht vom sehr kritischen Gesundheitszustand meines Freundes Dieter, der mit Lydia in Münchener Augustinum seinen Alterssitz gefunden hatte. Am 9.12.05 starb er nach einem erfüllten Leben im Frieden mit Gott.

Dieter, acht Monate älter als ich, stammte aus Aschersleben (in der ehemaligen DDR), wo sein Vater eine Seifenfabrik leitete, die den Ort Aschersleben sehr geprägt hat. Es gibt heute noch eine Kuntze-Straße und einen sehr schönen alten Kuntze-Brunnen in der Ortsmitte. Mit dem Beginn der DDR-Zeit war in Aschersleben die Kuntze-Dynastie zu Ende gegangen, alles war zu Volkseigentum geworden, die Familie musste Wohnhaus und Fabrikgelände verlassen. Vater Werner und Bruder Klaus starben.

Dieter hatte von 1945 bis 1948 nach alter Familientradition das Seifensiederhandwerk erlernt, und zwar in Wuppertal, weil es sonst nirgends eine Lehrstelle für diesen Beruf gab. Seine Mutter und seine Schwester lebten als Flüchtlinge in München. Als Fabrikarbeiter ging er erst in die Schweiz, es gab ja kein richtiges Zuhause mehr, und Mutters Flüchtlingswohnung war zu klein.

Von 1950 bis 1953 versuchte er sein Arbeitsglück in Ägypten. Während des Krieges mit Israel flüchtete er mit Booten übers Mittelmeer nach Sizilien, wo er verschiedene Jobs ausübte. Dann begegnete er Verwandten, die ihn nach Uganda einluden, wo sie selbst arbeiteten.

Dieter erkannte rasch, wie wichtig Seife für die Afrikaner war. Auf einfachste Art – eine offene Feuerstelle, ein Blechtopf und ein Stock zum Rühren – produzierte er die erste Seife in Afrika. Es war Pater Zachäus Knoll aus Hechingen gewesen, der ihn bei einem Besuch in Uganda ermuntert hatte, nach Burundi zu kommen. Seife sei mit das Wichtigste, was hergestellt werden müsse. Seine Versuche, dies mit dem afrikanischen Palmöl zu bewerkstelligen, waren erfolgreich.

Die vielen Höhen und Tiefen, vor allem die ständigen Unruhen nach der Unabhängigkeit 1962, hatten Dieter immer wieder zweifeln lassen, ob es richtig war, in diesem Land zu bleiben. Doch die Männer, die mit ihm schon arbeiteten, hofften und vertrauten auf ihn, der ihre Familien unterstützte und die Kinder zur Schule schickte – und er blieb. Immer neue Ideen und Neuerungen in der Seifenherstellung auf dem Gelände am Rande der Stadt füllten seinen bescheidenen Alltag aus. Es ging langsam bergauf, er konnte immer mehr Arbeiter einstellen.

1965 heiratete er die Tropenärztin Lydia, und sie ging mit nach Burundi – zum Segen der Europäer, die in Bujumbura wohnten, und der Arbeiter mit ihren Familien, für die nun endlich eine ärztliche Versorgung gesichert war. Denn in Burundi gab es zu der Zeit noch kein Hospital, eine Blinddarmerkrankung etwa musste im Kampala-Hospital in Uganda operiert werden. Das Ehepaar bekam zwei Kinder, 1967 Sohn Mathias, 1969 Tochter Klaudia.

1972 hatte Dieter Kuntze mit seinem ideenreichen Fleiß die Herstellung so weit, dass er ein Unternehmen – SAVONOR – gründete, von dem er sagte: »Es ist im Dienste der Burundier und zu Diensten der Burundier.« Kaum jemand hätte geglaubt, dass SAVONOR so große Fortschritte machen würde. Es blieb nicht bei der Fabrikation von Haushaltsseife. In seinem Drang zur Erweiterung hatte sich die Produktion verfeinert und vervielfältigt und brachte es auf acht Qualitäten in der Feinseifen-Herstellung, ergänzt durch Hand- und Maschinenwaschpulver. Der nächste große Fortschritt bestand in der Margarine-Herstellung. Es folgten Kerzen und Kosmetikprodukte, Vaseline, Brillantine und Haarglanz. Alles versuchte er aus landeseigenen Produkten herzustellen. Sein ganzes Tun stand unter dem Leitspruch: »Aller Überschuss meines Unternehmens in diesem Land muss auch wieder für den Fortschritt und zum Wohl der Menschen hier investiert werden.«

Es folgte der Export in Staaten wie dem heutigen Kongo, und schließlich fand SAVONOR Teilhaber, nationale und ausländische Aktionäre. 1985 wurde die CARTOBU gegründet, die Kartons aus kompakter Wellpappe produzierte und den Export von Früchten, Gemüse und Blumen möglich machte.

Für seinen selbstlosen Einsatz für Burundi erhielt Dieter Kuntze das Bundesverdienstkreuz.

Später investierte die SAVONOR-Gesellschaft in Rumonge am See in die Ölherstellung. Den Menschen Arbeit und Lebensqualität zu geben, war für Vater und Sohn das erste Gebot.

2003 erblickte auf dem Fabrikgelände von SAVONOR das beste Mineralwasser in Burundi das Licht der Welt. Das vielerorts schlechte Wasser in den Tropen, das bei Einheimischen und Touristen immer wieder schlimme Krankheiten verursachte, ließ den jungen Mathias

Kuntze mit seinem Erfindergeist keine Ruhe, bis die tiefen Bohrungen Erfolg zeigten.

Dieses Beispiel zeigt, was Hilfsbereitschaft, Ideenreichtum Mut und Geduld in einem Land zu bewegen vermögen, in dem ein Großteil der Menschen ohne jegliche Schulbildung aufwächst. Die Erfahrung zeigte, dass es bis zu einem gewissen Zeitpunkt nötig war, die Menschen vor Ort bei allen Neuerungen zu begleiten. Sie sind mit der Erde und der Tradition so eng verbunden, dass es ihnen oft schwer fällt, die Erleichterungen anzunehmen, seien sie manueller oder technischer Art. Da gab es eine Vielzahl von Hilfsprojekten, die ihnen von uns aufgedrängt wurden, weil der Europäer sie gut fand, und die zum Teil fehlgeschlagen sind, weil sie nicht begleitet wurden.

Als ich am 31.1.2006 für drei Monate, diesmal mit Friedhelm, wiederkam, stellte ich zu meiner großen Zufriedenheit fest, dass Schwester Candida und Alexander das Artemisia-Projekt mit großer Hingabe vorangetrieben hatten. Die Schwestern hatten mich gebeten, bei der ersten Ernte und beim Trocknen der Pflanzen dabei zu sein, und dieser Bitte kam ich gerne nach. Friedhelm fertigte in der Schreinerei Siebkästen für die bevorstehende große Ernte. Durch das günstige Klima und die Regenzeit waren die Artemisia-annua-Büsche 2,5 Meter hoch geworden, und die Schwestern hatten von den kräftigen Seitentrieben bereits Stecklinge gewonnen. In dieser Zeit begann ich im engeren Umfeld mit Dias und Proben meiner eigenen Tee-Ernte Aufklärung in der Anwendung der sogenannten *A3*-Rohstoffe zu betreiben. Die junge Kolpingfamilie bestand zu dieser Zeit aus 35 Familien, die sich zweimal im Monat nach dem Sonntagsgottesdienst in einem Raum unseres Zentrums trafen. Dies war der richtige Ort, ihnen das Naturmedikament aus dem eigenen Garten vorzustellen. Und wie immer, wenn man hier etwas Neues beginnt, war der Weg über die Frauen der bessere. Alle erhielten ihre ersten vier Pflanzen mit der Anweisung, sie im Quadrat von einem Meter in ihren Garten zu pflanzen, sowie einen Beutel getrockneten Tee für die erste Anwendung eines Familienmitgliedes bei auftretender Malaria. Immer wieder berichteten sie uns freudig von

Therapie-Erfolgen in der Familie. Und die Mundpropaganda unter den Frauen funktionierte, wie ich es mir gedacht hatte.

Zudem gab es noch einen Anreiz für die Frauen. Seit der Gründung der ersten Kolpingfamilie in Burundi Gitega wünschten sich die Frauen eine Nähmaschine und einen Anleitungskurs. Beides hatte ich ihnen unter der Voraussetzung versprochen, dass sie ihr Gesundheits-Programm mit A3 durchführten, wie ich es sie gelehrt hatte.

Um mich von den Ergebnissen zu überzeugen, suchte ich mit Friedhelm alle Familien auf. Ihre freudigen und spontanen Einladungen hatten uns schon Gutes hoffen lassen, doch was wir schließlich vorfanden, übertraf alle unsere Erwartungen. Weit draußen in den Hügeln vor der Stadt, wo ihre Hütten nur auf beschwerlichen Wegen zu erreichen waren und es für kein Auto eine Zufahrt gab, wuchs die Artemisia-annua-Pflanze neben ihren Bananen und Süßkartoffeln, zwischen Maniok und Bohnen. In kleinen Tontöpfen wurden schon die Stecklinge gezogen, und die Frauen zeigten mir, dass sie auch bereits die Nachbarn mit Pflanzen versorgt hatten.

Da gab es natürlich die versprochene Nähmaschine und den Nähkurs.

Ein Kolpingmitglied hatte einen größeren Raum, in dem sich nun die Frauen trafen. Dreimal in der Woche gab es Unterricht, zuerst in der Handhabung der Maschine, ehe es ans eigentliche Nähen ging. Der junge Mann des Hauses hatte die Technik schnell verstanden, während die Frauen sich damit noch schwertaten, aber am Ende des Kurses waren auch sie mit der Technik vertraut. Nun war es für sie ein Ansporn, mir bei meinem nächsten Besuch zu zeigen, was sie einander beigebracht hatten.

Als ich im April 2006 in mein gemütliches Zuhause zurückgekehrt war, ließ mich das Artemisia-annua-Programm nicht zum Müßiggang kommen. Alle Treffen mit der Anamed-Gruppe von Dr. Hirt in Winnenden bei Stuttgart förderten immer wieder neue und spannende Erkenntnisse in der Forschung dieser Wunderpflanze zu Tage. Wir trafen uns mit einem Professor aus Kanada, der sich das Ziel gesetzt hatte, seine Dissertation über die Artemisia annua zu schreiben. Professor

Manuelle zeigte uns, wie an der Blattform eine weibliche und männliche Pflanze zu erkennen ist. In den Medien erschienen immer mehr Berichte über die sogenannte Wunderpflanze, zum Beispiel im GEO-Heft Nr. 6 von 2006 ein Bericht von 17 Seiten.

Selber säte und pflanzte ich in meinem kleinen Hausgarten und nahm zur Stärkung des Immunsystems – eine Wirkung, die die Erforschung der verschiedenen Inhaltsstoffe belegt hatte – täglich eine Tasse Artemisia-annua-Tee zu mir, den ich wie meinen gewöhnlichen Haustee mit kochendem Wasser aufbrühte, einen halben Teelöffel Tee auf eine Tasse. Nach einigen Wochen waren meine mich häufig plagenden Arthrose-Schmerzen verschwunden, und ich hatte auch keine Erkältungen mehr.

Beim letzten Afrikatreff wurde ich eingeladen, in Tansania ein Artemisia-annua-Projekt für den Förderverein »Lebenshilfe für Afrika« mit aufzubauen. Natürlich konnte ich nicht Nein sagen, und so flog ich am 7.6.2006 nach Tansania – wo ich den Namen *Artemisia-Pflanzenfrau* bekam.

In diesem Waisenkinderprojekt befanden sich etwa 300 Waisenkinder aus der weiten Region, für die eine Krankenstation zur Erstversorgung der Malariakranken eingerichtet werden musste. Land war genügend vorhanden. Außerdem sollte ein Heilpflanzengarten, unter anderem mit Artemisia-annua-Pflanzen, angelegt werden, und dazu brauchte man mich. Fünf Wochen waren für die Reise geplant. Mit den vorgezüchteten Sämlingen und den pikierten Pflanzen in verschiedenen Größen im Rucksack machte ich mich auf die Reise.

Ich kannte wohl Burundi und auch Malawi, zwei der kleinsten und ärmsten Länder Afrikas, in denen ich mit *Artemisia annua anamed* gearbeitet hatte, Tansania hingegen kannte ich noch nicht. Burundi konnte ich in einem Tag von Ost nach West und von Nord nach Süd durchfahren, doch in Tansania sah es mit den Entfernungen ein wenig anders aus, wie ein Blick auf die Landkarte verriet: Die Größe und Weite dieses Landes war beeindruckend.

Nach der abendlichen Ankunft in Dar es Salaam fuhren wir mit dem Jeep durch tiefe Schlammlöcher in das gut vorbereitete Quartier im Vorort Segerea. Hier informierte man mich darüber, dass der Inlandsflug nach Bukoba, das westlich des Viktoriasees im Nordwesten von Tansania liegt, erst in drei Tagen möglich sei. Für meine Pflanzen war das wunderbar, bekamen sie so am nächsten Morgen doch erst einmal wieder Licht, Wasser und Wärme.

In Segerea gab es viele Interessenten, die von der »Wunderpflanze« Artemisia annua zwar schon gehört hatten, jedoch noch nichts Näheres über sie wussten. Die Professoren und der Direktor saßen bei den Mahlzeiten mit uns gemeinsam am Tisch. Der größte Teil von ihnen sprach Suaheli, die Landessprache, einige von ihnen auch Englisch und Deutsch.

Im Segerea-Seminar wurden 120 Studenten unterrichtet, und Malaria und die Artemisia-annua-Pflanze waren natürlich Thema Nummer eins. Für mich waren die drei Tage ausgefüllt mit der Vermittlung von Theorie und Praxis, die unter anderem darin bestand, neue Saattöpfe für das mitgebrachte Pflanzengut vorzubereiten. Die afrikanischen Schwestern aus Segerea schlossen sich mit großer Begeisterung an, was ganz in meinem Sinne war, denn nach meiner Erfahrung ist in Afrika eine neue Sache in Frauenhänden am besten aufgehoben. Die Frauen sorgen in den Familien, bei Nachbarn und in Dorfgemeinschaften für die Verbreitung des Erlernten. Doch auch die Männer, selbst die Studenten, fragten immer wieder: »Oh bitte, können wir Tee haben?«, und jeder gab natürlich an, dass er krank sei. Ich hatte in meinem Reisegepäck jedoch nur zwei Pfund getrockneten Tee, der nur für 20 Behandlungen reichte, und so musste ich geizig sein und gab nur in dringenden Fällen von meinem Vorrat ab.

Schließlich wurden die Pflanzen wieder sorgsam in meinem Rucksack verstaut, und dann flogen wir von Dar es Salaam mit einer kleinen Maschine nach Musoma, von dort nach Mwanza, wo wir in eine noch kleinere Maschine nach Bukoba umstiegen. Nach der Umsteigerei waren wir wohl gut in Bukoba angekommen, aber nicht unsere Koffer.

Ich war heilfroh, dass ich meine Pflanzen auch diesmal bei mir im Handgepäck trug.

Für die letzte Tagesetappe stand an dem kleinen Flugplatz wieder ein Jeep aus dem Zentrum Kamischango bereit. Zu den fehlenden Koffern sagte man uns, wir sollten am nächsten Tag nochmals anfragen. Jetzt ging es erst einmal über die übelste aller Pisten nach Rubya, zirka eine Stunde Autofahrt. Dort hatte man uns für die Zeit, in der wir im Zentrum in Kamischango arbeiteten, auf dem Krankenhausgelände ein gutes, leer stehendes Arzthaus zur Verfügung gestellt.

Das Handy leistete gute Dienste, und wir konnten am nächsten Tag unsere Koffer abholen. Zugleich machten wir den ersten Besuch im Bischofshaus von Bukoba mit dem angrenzenden Studenten-Seminar. Deutsch sprechende Lehrkräfte und Sekretäre waren immer wieder anzutreffen. Jeder wollte Informationen über die Artemisia annua und ihre praktische Handhabung. Grundkenntnisse über die Wirkung des Artemisia-Tees waren vorhanden, aber mit der Eigeninitiative, die darin bestand, selbst an die Arbeit zu gehen und im größeren Stil etwas für die Volksgesundheit zu tun, war es noch nicht weit gediehen. Ich merkte, es gab noch allerhand zu tun.

Hier, im Seminar von Bukoba, wurde ich umgetauft auf den Namen *Artemisia-Pflanzenfrau.*

In Bukoba, Kamischango und Rubya, wo Oberschwester Rosa im Krankenhaus tätig war, wollten alle mit Pflanzengut versorgt werden. Es war gut, dass ich sofort nach meiner Ankunft Saattöpfe mit dem Samen versehen hatte, den ich von Dr. Hirt, dem Geschäftsführer von Anamed International e.V., mit auf die Reise bekommen hatte. Nach vier Tagen zeigten die Sämlinge schon die ersten zarten Spitzen, und vierzehn Tage später konnten wir zusammen mit dem Krankenhausgärtner und den Helfern vom Kinderzentrum Kamischango darangehen, in mühevoller Kleinarbeit 60 Sämlinge zu pikieren. Jeden Freitag, Samstag und Sonntag mussten wir Einladungen annehmen, die dem Waisenkinderprojekt Kamischango und der Verbreitung der Malaria-Heilpflanze zugute kamen

Am Wochenende hatten wir von Rubya nach Tabora 600 Kilometer fast nur Piste zu fahren. Wir waren um 5.30 Uhr aufgestanden, um 6.00 Uhr ging die Fahrt bereits los. Die schlechte Straße kann man nicht beschreiben, man muss sie erleben, diese Fahrt durch Vulkan- und Savannen-Landschaft, ein Rauf und Runter durch Sand und Stein. Wir durchfuhren vereinzelte Dörfer und weitläufige Reservate, in den große Affenfamilien vom Straßenrand ins Wildgehege zurücksprangen. Nach sechs Stunden gab es ein Picknick am Straßenrand, und um 20.00 Uhr waren wir bei den indischen Schwestern in Tabora angelangt.

Der nächste Tag begann mit der Besichtigung ihrer kleinen Krankenstation, die ebenfalls einmal einen Heilkräutergarten mit Artemisia annua erhalten sollte. Als Startkapital überreichte ich den Schwestern die neu pikierten Pflanzen und eine Anleitung, und der Tag war ausgefüllt mit vielen Besprechungen. Am nächsten Tag hieß es wieder früh aufstehen, denn es mussten 600 Kilometer zurück nach Rubya bewältigt werden.

Für das darauffolgende Wochenende war eine noch größere Route angesagt, die nicht in einem Tag zu schaffen war: nach Morogoro vom Nordwesten zum mittleren Osten des Landes, 200 Kilometer von Dar es Salaam entfernt. Schließlich beschlossen wir, die Aktivitäten in Rubya zu beenden und die Koffer zu packen, denn in Morogoro, wo wir bei den indischen St.-Anna-Schwestern wohnten, warteten noch viele Aktivitäten auf uns. Nach dem Besuch in Morogoro stand außerdem noch die Reise zum Norden des Landes nach Aruscha auf dem Plan.

Also hieß es Abschied nehmen von der Krankenhausleitung mit Oberschwester Rosa und dem Pflegepersonal, und wir bedankten uns für die gute Zusammenarbeit. Der Gemeindepfarrer lud uns mit Schwester Rosa zu einem Abschiedsessen ein. In Kamischango gab es mit den Kindern und dem Personal noch eine Abschiedsfete, zur Freude aller, denn Herr Schwarz hatte einen Sack Reis, Kästen mit Limonade für die Kinder und Bier für die Erwachsenen gekauft. Gemüse kam schon aus dem eigenen Garten. Für die Kinder gab es Luftballons und andere Kleinigkeiten, und die Freude war groß.

Auch in Bukoba, der wunderschön gelegenen Stadt westlich des Viktoriasees, hieß es nun Abschied nehmen. Wieder ging es morgens in aller Frühe mit dem beladenen Jeep los, in dem noch vier weitere Personen mitfuhren, ein österreichischer Pfarrer mit drei seiner Schützlinge. Sie alle mussten nach Morogoro und dann später das Auto wieder zurück nach Kamischango fahren, wo es hingehörte. Nach 700 Kilometern schlimmster Pistenroute bezogen wir am Abend Quartier im Bischofsgästehaus in Singida, einem Haus mit Duschen und Einzelzimmern. Ein gutes Abendessen und ein reichhaltiges Frühstück am anderen Morgen stärkten uns für die Weiterfahrt über Manjoni und Dodoma nach Morogoro. Dort wurden wir am Abend von dem Schweizer Kapuziner-Pater Edwin Hug an einer Straßenkreuzung erwartet. Als Wegbegleiter führte er unsere siebenköpfige Gruppe in die einzelnen Quartiere.

Mit Herrn Schwarz bekamen wir eine Unterkunft im Mutterhaus der St.-Anna-Schwestern, deren Wirkungsbereich ganz Morogoro umfasst. Am Abend wurden noch Termine und Pläne für die vor uns liegenden drei Tage besprochen. Herr Schwarz hatte mit den Schwestern, denen das Projekt der »Lebenshilfe für Afrika e.V.« in Kamischango übergeben worden war, noch Etliches zu besprechen. Auf mich wartete nicht nur das Mutterhaus, in dem auch die Novizen ausgebildet wurden und wo ich Theorie und Praxis der Heilpflanze Artemisia annua vermitteln sollte; auch Peter Edwin, der als Lehrer in einem Knabenseminar unterrichtet, wartete auf meine neuen pikierten Pflanzen, um seinen Heilpflanzengarten zu bereichern, den er mit seinen Schülern angelegt hatte. Die Pflanzen hatte er schon vorbestellt, als wir uns das erste Mal bei unserer Ankunft in Dar es Salaam begegnet waren und ich mit meinen mitgebrachten Pflanzen hatte geizen müssen, da ich zu dieser Zeit ja noch nicht wusste, was alles auf mich zukam. Mit Pater Edwin als Übersetzer ging die Arbeit in Morogoro gut voran, zumal sie auf fruchtbaren Boden fiel, denn unser Wirken hatte sich schon herumgesprochen.

Auch der Missionars-Direktor vom Heilzentrum St. Francis de Sales bat um Hilfe: Er hatte für seinen Heilpflanzengarten von einem Seminar über natürliche Medizin im Kongo zwei Stecklinge bekommen, und seine Pflanzen wuchsen nicht, sondern sahen aus, als würden sie bald eingehen. Seine erste Frage war, ob ich keinen Tee für ihn hätte, was ich verneinen musste. Aber seine Pflanzen, die nur 20 Zentimeter hoch waren, konnten auch gar nicht wachsen, denn sie wurden von anderen, größeren Pflanzen ringsherum so zugedeckt, dass sie weder Licht noch Luft und Wasser bekamen. Sein Gärtner kannte die Pflanze nicht und betrachtete sie als Unkraut. Einmal mehr stellte ich fest, dass es noch viel Aufklärung und praktischer Anweisung bedurfte, nicht nur einmal, sondern auch zwei- und dreimal, je nach Bedarf.

Nach diesen Tagen in Morogoro wurde die indische Generaloberen nach Dar es Salaam zum Flughafen gebracht, und Herr Schwarz konnte mitfahren, um in der letzten Woche im Segerea-Seminar in Ruhe seine schriftlichen Arbeiten zu erledigen. Ich hatte noch eine lange Reise von rund 700 Kilometern zum Nordosten des Landes nach Aruscha vor mir, zu Sr. Gisela, die ich noch aus Burundi kannte. Vor vier Jahren war sie nach Aruscha versetzt worden, um die Leitung des Ausbildungshauses der missionarischen Postulantinnen zu übernehmen. Ich hatte von Rubya aus schon mit ihr telefoniert. Auch sie erhoffte sich Artemisia-Pflanzen von mir, und so hatte ich auch diesmal meinen behüteten Pflanzenrucksack bei mir, mit einem genauen Einteilungsplan, für wen was bestimmt war.

In Morogoro gibt es den großen Busbahnhof, der mit seinen Express- und Safari-Bussen gute Verbindungen bietet. Die Busse haben nummerierte Sitzplätze, und so besorgte ich mir einen Tag zuvor bereits ein Ticket. Um 7 Uhr brachten mich die Schwestern zu einem riesigen Bus. Da ich wusste, dass es keine Toilette gab, hatte ich mein Essen und Trinken schon am Vortag auf das Nötigste reduziert. Ich war die einzige Weiße in dem voll besetzten Bus, alle dösten so vor sich hin, die dunklen Vorhänge waren zum Schutz vor der prallen Sonne zugezogen. Eine Klimaanlage gab es natürlich nicht. Von Zeit zu Zeit wurde ein Schiebefenster aufgeschoben, und der warme Fahrtwind trocknete die Schweißperlen aus Gesicht und Nacken.

Auf der guten Asphaltstraße, die über Aruscha bis Nairobi/Kenia führt, hatte der Fahrer ein ziemlich flottes Tempo drauf. Der erste Stopp kam nach 7 Stunden, um 14.00 Uhr. Zu beiden Seiten der Straße gab es nur ein bis zwei Meter hohes Gestrüpp. Der Fahrer sagte etwas von »fünf Minuten«, und meine Nachbarin, sehr höflich und freundlich, ergänzte für mich, was ich nicht verstanden hatte: »Toilettenstopp.« Der größte Teil der Fahrgäste verließ eilig den Bus für eine rasche Notdurft. Es war alles ganz unkompliziert, man hockte sich nicht weit vom Bus ins Gestrüpp, der Fahrer stieg wieder ein, hupte zweimal, die fünf Minuten waren um – dabei kontrollierte er nicht, ob alle wieder drin waren, sondern fuhr einfach wieder los. Ich holte tief Luft und dachte so für mich: Gut, dass die Schwestern mich darauf vorbereitet haben und ich so wenig gegessen und getrunken habe.

Um 16.00 Uhr hielt der Bus auf einem großen Busbahnhof in Moshi. Eine große Menge Leute stieg aus, andere stiegen zu, während sich draußen an den Fenstern die Händler drängten, um den Fahrgästen Kekse, Apfelsinen oder Limonade zu verkaufen.

Die Fahrt ging weiter. Die glühende Sonne versteckte sich immer wieder hinter vorbeiziehenden Wolken, und die Luft im Bus wurde angenehmer. Jetzt konnte man die Vorhänge beiseiteschieben und bekam von der herrlichen Landschaft, die wir durchfuhren, etwas mit. Überall grüne Felder, dahinter die hohen Berge, eine friedliche Landschaft, wohltuend für Auge und Gemüt. Das, was in der Mitte des Landes bereits grau und trocken war, Gräser, Mais und Savannen, stand hier noch im saftigen Grün. Aus der Ebene, die wir durchfuhren, sah ich plötzlich das gewaltige Bergmassiv des schneebedeckten Kilimanjaro aufsteigen und wusste, dass mein Ziel, Aruscha, bald erreicht war.

Um 17.30 Uhr, in einer Straße, die so eng war, dass der Bus sie nicht passieren konnte, bedeutete uns der Fahrer mit einer Handbewegung: »Alles aussteigen.« Viele Taxifahrer drängten sich um mich, jeder rief mir, der weißen Frau, den Namen eines Hotels zu. Aber ich hatte ja meine Adresse und fing erst einmal an, einen Preis auszuhandeln.. Von Gisela wusste ich, was das Taxi kosten durfte, und sie waren erstaunt, dass ich den Preis machte. Es ging alles gut, ich zeigte den Geldbetrag, stieg ein, behielt das Geld aber vorsichtshalber bis zum Ziel. Als der Fahrer den Stadtkern verließ, dachte ich nur noch: Wenn das gutgeht, sagst du doppelt danke. Mit 10 km/h schlitterten wir durch die schlimmste Schlammgegend, die ich je gesehen hatte. Auf beiden Seiten sah man zusammengezimmerte Hütten aus Holz, Lehm, Stroh und Plastiktüten, dazwischen alle möglichen und unmöglichen Verkaufsstände mit einem Menschenauflauf davor. Es war der Vorort Sanawari-Aruscha, und mir wurde wieder bewusst, warum die Schwesternschaft ihr Arbeitsfeld immer in den ärmsten Gegenden an den Stadträndern aufbaut. In Burundi-Gitega, wo Sr. Gisela vorher war, hatte es damals ähnlich ausgesehen.

Nach einer halben Stunde, kurz vor dem Dunkelwerden, hatte es meine Taxe geschafft, ich war am Ziel. In dem sehr bescheidenen Haus wartete schon eine lustige Truppe auf mich, sieben Postulantinnen, zwei Novizinnen, eine Studienrätin und Sr. Gisela als leitende Oberin. Es war ein herzlicher Empfang und ich war glücklich. Die Postulantinnen stammten aus Polen, Äthiopien, Ghana, Kongo, Tansania, Frankreich und Deutschland. Alle mussten Kisuaheli, Englisch und Französisch lernen, Hauswirtschaft und Gartenpflege, Kindergarten mit Sozialarbeit und Krankenpflege. Sie besaßen zwar ein Auto, aber in der Regenzeit konnten sie nicht fahren, es war unmöglich, und dann mussten sie alle Wege zu Fuß gehen.

Die Tage bei ihnen waren ein besonderes Erlebnis. Die mitgebrachten Pflanzen für die Gemeinschaft wurden am Haus gleich gesetzt, und gemeinsam mit einer Frauengruppe, die sie betreuen, wurden Samentöpfe hergerichtet. Der Boden war feucht und das Klima gut.

Bei einem ersten Ausflug in die Umgebung wollten sie mir etwas zeigen, das sie vor Wochen gesehen hatten: Bei einem Bauern im Nachbardorf sah etwas der Artemisia sehr ähnlich. Nun, ich war neugierig und gespannt auf die Felder. Große, abgehauene und verblühte Artemisia-Pflanzen lagen auf hüttenhohen Haufen – für eine amerikanische Firma, wie uns der Bauer berichtete. Er ist von den Herren angeworben worden, sein Land für ein lohnendes Produkt herzugeben, womit er gutes Geld verdienen könnte. Eines Tages seien sie gekommen und hätten die kleinen Pflanzen gesetzt, die zu zwei Meter hohen Büschen wuchsen und in der Trockenheit zu blühen begannen. Dann waren wieder Männer gekommen, die sie abhackten und zu großen Haufen aufschichteten. Dem Bauern sagten sie, wenn die Container bereitstünden, würden die Pflanzen abgeholt. Geld hatte er noch keines bekommen, sie hätten gesagt, für jedes gesiebte Kilogramm bekomme er 3000 Schillinge, das sind 2 Euro. Ich zweifelte daran, dass er das Geld je bekommen würde.

Was für eine unglaubliche Ausbeutung! Die Bauern wurden für dumm verkauft, sie wussten auch gar nicht genau, was das für Pflanzen waren. Die Nachbarn machten einen Bogen um die Felder, weil sie dachten, es sei Haschisch. Natürlich machte ich von dem Gesehenen Fotos und nahm ein paar Proben mit. Diesen Kleinbauern wurde verboten, auf den Nachbarfeldern Mais anzupflanzen, und sie waren schon jetzt in ihrer Existenz bedroht.

Es ging weiter. Einen ganzen Tag fuhren wir westlich von Aruscha zum Meserani Snake Park und weiter durch die Heimat der Massai zum 2133 Meter hohen Loikisale. Durch einen polnischen Missionar aus dieser Gegend, der uns begleitete, bekam ich einen Einblick in das Leben der Massai mit ihren kunstvoll gebauten Lehmrundhütten und ihrem streng geordneten Großfamilienleben mit Sitten und Bräuchen, die für uns unvorstellbar sind. Aber sie leben in einer herzlichen Fröhlichkeit miteinander und sind sehr gastfreundlich und offen.

Nach diesen erlebnisreichen Tagen konnte ich endlich mit einem erd- und pflanzenleeren Rucksack, der nun mit Souvenir-Geschenken gefüllt war, meine Rückreise antreten. Freitagabend wurde in fröhlicher Runde Abschied gefeiert, und Samstag in aller Frühe bestieg ich wieder meinen Safari-Express-Bus nach Dar es Salaam, der nach 10 Stunden am Ziel war. Mit einer Taxe ließ ich mich wieder ins Segerea-Seminar bringen, wo Herr Schwarz auf mich wartete, da für den nächsten Tag unser Rückflug nach Deutschland gebucht war.

Am Sonntagmorgen wurden erst noch die Heilpflanzen bewundert, die ich mit den Schwestern fünf Wochen zuvor gepflanzt und gesät hatte und die zur Freude aller prächtig gediehen.

Bei meiner Rückkehr aus Tansania konnte ich nur staunen und mich freuen: Mein Freund Friedhelm hatte auf seinem jährlichen Kartoffelacker die restlichen vorgezogenen Artemisia-annua-Pflanzen gesetzt und sie in der Zeit mit guter Bewässerung gepflegt. Achtzig Pflanzen, zirka zwei Meter hohe Pflanzenbüsche, leuchteten in einem saftigen Grün den Spaziergängern auf der Dorfstraße entgegen. Viele Fragen und Erklärungen über die A3 wurden über den Zaun abgewickelt, weil die Pflanze in Deutschland bislang kaum bekannt war.

Selbst das Fernsehen interessierte sich für unser Artemisia-annua-Programm. Das Ernten, Trocknen, Sieben und Verpacken wurde in Wort und Bild dokumentiert. Es war viel Arbeit, die ganze Nachbarschaft hat mitgeholfen. 20 Kilogramm Rohstoff aus der A3-Anpflanzung wurden portioniert und – für das kleine, abgelegene Dorfhospital in Songa – in je 50-Gramm-Teetüten verpackt. Die nächste Reise war für dieses Hospital geplant, dem wir behilflich sein wollten, ein A3 Pflanzenfeld anzulegen, gleichzeitig aber auch schon die Malariakranken mit A3 zu behandeln. Tausende sterben jährlich an dem Wechselfieber, wie diese Erkrankung auch genannt wird. Im Blut der Erwachsenen und Kinder vermehren sich mikroskopisch kleine Malaria-Erreger, die von einer Mücke übertragen werden. Periodisch erzeugen sie heftige, von Schüttelfrost begleitete Fieberschübe, sodass die Erkrankten nach und nach ihre Widerstandskraft verlieren und, wenn nichts unternommen wird, der tödlichen Krankheit erliegen. Die Medikamente, die von der Pharmaindustrie angeboten werden, sind für die meist arme Landbevölkerung jedoch zu teuer; manche dieser Arzneien verlieren auch bereits ihre Wirkung.

Die Artemisia-annua-Pflanze wird in China seit altersher gegen Wechselfieber eingesetzt. Wir von der Anamed-Gruppe beschlossen, diese Pflanze bekannt zu machen und sie in den ländlichen Gebieten anzubauen und zu verarbeiten.

Am 30. Januar 2007 flog ich mit Friedhelm wieder nach Burundi. Als wir um 13 Uhr in Bujumbura aus dem Flieger stiegen, war es so heiß und schwül, dass es uns fast den Atem nahm. Mama Regina war mit ihrem Fahrer aus Gitega gekommen. Herzliche Begrüßung, große Freude, dass wir gut angekommen waren mit unserem vielen Gepäck. Durch das städtische Verkehrs-Chaos fuhren wir in den Stadtteil Mutanga Nord zur Avenue Nyabibuye, wo unsere jungen Studenten uns im Zachäus-Haus Nr. 2 bereits erwarteten. Mama Regina musste gleich wieder zurück nach Gitega, denn es gab viel für sie zu tun. Sie musste Schwester Candida ersetzen, die sich in Italien einer Gallenoperation hatte unterziehen müssen und noch nicht zurück war. Mein kleines Auto stand für mich bereit, und ich war froh, dass wir zu zweit waren, denn bei den vielen Fahrten durchs Land war ich gerne in männlicher Begleitung.

In dem Behinderten-Studenten-Haus hatten wir eine Schlafgelegenheit für den Aufenthalt in Bujumbura. Die ersten zehn Tage blieben wir in Bujumbura, um auch hier Starthilfe für das Artemisia-annua-Programm zu geben, was der wichtigste Teil unserer Reise war. Es verging nicht ein Tag, an dem es nicht heftig regnete – für die Pflanzungen das ideale Wachstumswetter.

Zehn Tage später – es war Sonnabend, und bis morgens um 10 durfte nach Anordnung des neuen Präsidenten niemand Auto fahren – waren alle bis 10 Uhr zur Gemeinschaftsarbeit an Straßen und Straßen-Grundstücken verpflichtet, die in Ordnung zu halten waren. Schon beim ersten Start von Bujumbura in die Gebirgslandschaft nach Gitega gab es einen kaputten Reifen. Gott sei Dank, dass ich Friedhelm, den Mann für alle Fälle, bei mir hatte. In Bukarama wurden wir von Enzo, einem Italiener, empfangen, der in seiner Gemeinde Ryarusera eine Artemisia-Anpflanzung hatte. Mit ihm fuhren wir in die Tee- und Urwaldgebiete. Nach einem herrlichen, erlebnisreichen Tag genossen wir seine italienische Küche und eine kühle Nacht in 2200 Meter Höhe – eine Erholung im Vergleich mit den heißen Nächten in Bujumbura.

Am Sonntagmorgen feierten wir in seiner neu erbauten Burgkirche mit der Gemeinde den Gottesdienst. Nach einem guten Frühstück fuhren wir mit seinem Pistenauto zurück nach Bukarama. Ab da gab es wieder eine Straße, auf der es dann mit unserem eigenen Kleinauto nach Gitega weiterging.

Bei den Kindern großer Empfang mit Trommeln und Gesang. Danach sehnten wir uns nur noch nach einem Bett unter dem Moskitonetz. Die ganze Nacht starker Regen, trotzdem hatten wir am Morgen kein Wasser aus der Leitung. Mit dieser Situation, dass Wasser und Strom immer wieder ausfielen, waren wir ja schon vertraut, und so mussten für die tägliche Hygiene auch diesmal ein Eimer mit Vorratswasser und eine Schüssel reichen. Problematischer ist der ständige Stromausfall für den durch die europäische Entwicklungshilfe modernisierten Bereich im Land. Schreinerwerkstätten mit modernen Maschinen stehen still, bei Kühlschränken fällt die Frostung der Vorratsversorgung aus, und auch die schon eingeführten Elektroherde und Computer versagen den Dienst. Die frühen Abende können mit einer Kerze, einer Petroleumlampe oder einer der neuartigen Solarlampen ausgeleuchtet werden, je nachdem, was sich die einzelnen Haushalte leisten können Wir haben in unserem Zentrum einen Stromgenerator aus der aufgelösten Bundeswehrkaserne in Hildesheim, der in einem der fünf Container auf dem beschwerlichen Weg nach Burundi transportiert worden ist. Dieser Generator kann jeden Stromausfall überbrücken – so dachten wir.

Als wir am vierten Tag noch immer ohne Strom waren und am Abend nur bei Kerzenlicht lesen konnten, fragte ich Sr. Regina: »Ist der Generator kaputt?«

»Nein, nein. Aber Diesel ist knapp und zu teuer.«

Sie bekam 100 Euro, damit sich jemand in die lange Schlange der Wartenden mit Flaschen und Behältern stellen konnte, wenn der Tanklastwagen aus Tansania ankam. Am späten Abend hatten wir dann unser helles Leselicht.

Die Wochen in Gitega waren sehr arbeitsintensiv. Friedhelm hatte in der Schreinerei eine Vollzeitbeschäftigung. Mit den ständig stumpfen Sägeblättern wurde so lange gearbeitet, bis das Holz schwarz wurde, und so gab es immer erst mal etwas zu korrigieren. Friedhelm demonstrierte ihnen zwei richtige Stehleitern, zwei einfache, aber sinnvolle Schreibtische, Küchen- und Gartengeräte aus Holz, und wir hofften, dass sie die neu erworbenen Kenntnisse einsetzten, um diese Dinge künftig für den Eigenbedarf oder zum Verkauf eigenständig herzustellen.

Die 20 Kilogramm portionierten und verpackten Artemisia-annua-Kuren waren, wie bereits erwähnt, dem kleinen Songa-Hospital zugedacht, wo wir auch auf Bitten der Leitung den Heilpflanzengarten, in erster Linie mit Artemisia-Pflanzen, anlegen sollten. 60 kräftige, vorgezogene A3-Pflanzen standen für das Pflanzfeld neben dem Hospital bereit. Ich war froh, sie hatten alles richtig gemacht und warteten nur noch auf meine Bestätigung. Im Hospital selbst fingen sie zur gleichen Zeit mit der Behandlung Malariapatienten an – mit gutem Erfolg. Die Studenten übersetzten eine Broschüre über Anzucht, Pflanzung, Ernte, Dosierung und Anwendung des Rohstoffs Artemisia annua in Kirundi. Diese Broschüre druckten die Weißen Väter in ihrer Druckerei in Gitega. Vor größeren Gruppen wie Hospitalpersonal, Schwestern- und Pater-Gemeinschaften, auch vor den Jugendlichen in den Zentren, hielt ich Seminare ab, mit Anizet als Übersetzer. Das Interesse an der Medizin aus dem eigenen Garten war sehr groß. Ich selber hoffte nur, dass diese Begeisterung anhielt und auch etwas für die Allgemeinheit umgesetzt würde. Bei der Kolpingfamilie hatte die Umsetzung des Malaria-Programms schon gute Fortschritte gemacht, von denen wir uns bei einem Besuch auf den Hügeln vor der Stadt persönlich überzeugen konnten.

Es war der 1.4.2007. Mit dem Gedanken, den pulverisierten Tee in Kapseln zu füllen, nahmen wir die Gelegenheit wahr, uns in Bukavo bei der Pharmakina vorzustellen, deren Inhaber ein Deutscher war. In Bukavo hatte auch Pater Benno Baumeister von den Weißen Vätern seinen zentralen Wirkungskreis, und ein Besuch bei ihm, meinem langjährigen Freund in Burundi, war schon lange überfällig. So konnte beides miteinander verbunden werden. Es gab eine Busverbindung von

Bujumbura durch Ruanda in den Kongo nach Bukavo, die wir nutzten. Es war schon eine abenteuerliche Fahrt über die Pistenstraßen, und nach vier Grenzkontrollen erreichten wir spät am Abend müde und durchgerüttelt unser Ziel, das Gästehaus des Paters.

Mit Pater Benno verbrachten wir sehr schöne und erlebnisreiche Tage im Kongo, wo er uns in der Osterferienzeit viele Naturschönheiten zeigen konnte. Für einen Termin bei der Pharmakina hatte Pater Benno gesorgt, denn das war das Wichtigste unserer Reise. Aus dem Brief, den ich am folgenden Tag an Dr. Hans Martin Hirt schrieb, kann das Gesprächsergebnis nachvollzogen werden:

*Bukavo, den 8.4.2007*

*Lieber Hans-Martin,*

*diesmal, hoffe ich, ist es eine gute Nachricht aus Bukavo. Gestern war ich in der Pharmakina beim Herrn Dirk Gebbers und seinem Vater. Du weißt ja, wie aufgeschlossen sie für das Programm Artemisia annua anamed sind. Wir haben eine Zeit zusammen gefachsimpelt, was alles zu machen und bedenken ist bei der Weiterentwicklung für diese Länder. Er erklärt sich bereit und schlägt vor, mit meinem pulverisierten Tee mal einen Versuch mit Kapseln zu machen. Kleine hat er noch vorrätig zum Ausprobieren, und es ist eine Frage an Dich, ob Du Erfahrungen hast, wie die 5 gr Tee für die tägliche Dosis in Pulver aufgerechnet werden können. 4-mal täglich eine oder 2 Kapseln? Die kleinen sind besser zu schlucken. Er ist grundsätzlich Deiner Meinung, die ganze Pflanze ohne andere Zusätze zu verwenden, was bei Tabletten geschehen müsste. Vorrichtungen zum Pulverisieren usw. sind bei ihm vorhanden, und es wäre die billigste Methode. Man muss ja auch an die vielen Menschen denken, die keine Gelegenheit zur Teebereitung haben, und das ist die Mehrzahl. Vor allen Dingen in den Städten, wo sie, wie ich es jetzt wieder erlebt habe, am Tag zu Hunderten vor den Malaria-Zentren auf Hilfe warten und hoffen. Er hat auch schon mal einen Versuch mit Artemisia-Sirup für die Kinder gestartet, der ist natürlich sehr aufwändig und kostspielig. Aber ich denke, dass man da auch noch was tun kann. Ich selbst will ihm für das Kapsel-Experiment einige Kilo Tee von Gitega besorgen. Seine Versuche, selbst A3-Felder anzulegen, hat er wegen des großen Arbeitsaufwandes abgebrochen. Seine Chinin-Felder, erklärt er uns, hat er nur einmal angelegt und erntet immer, für seine Medikamenten-Produktion. Bei den A3-Feldern muss er säen, pflanzen und Stecklinge ziehen über das ganze Jahr. Dann möchte er lieber den Rohstoff zur Verarbeitung kaufen. Er ist der Ansicht, dass in einer Höhe von 2000 Metern der meiste Artemisin-Gehalt in den Blättern ist. Selbst hat er kein Labor, um dies zu untersuchen, darum bringe ich verschiedene Proben mit nach Deutschland, ich hoffe, dass Du da helfen kannst. Dann viele Grüße von P. Georges Dufour, der heute 92-jährige Weiße Vater, der noch in seiner Station ca. 100 Büsche stehen hat, noch von den Samen von Dir vor 10 Jahren, wie er mir stolz berichtet, aber der Gärtner hat ihm schon gesagt, dass er mal neuen Samen brauche. Ich hab bei ihm dann neue Samentöpfe fertig gemacht, er war sehr erfreut, weil die Leute immer wieder kommen und nach Tee und Stecklingen fragen, die er verteilt. Die Pflanzen sind wohl noch kräftig, aber eben sehr klein. Das ist das Neueste aus Bukavu, morgen geht es wieder mit dem Abenteuerbus zurück nach Bujumbura*

*Viele Grüße von Hannelore und meinem treuen Begleiter Friedhelm*

Dr. Hirt antwortete umgehend:

*Bitte 5 gr. Teepulver, in wie viel Kapseln? abwiegen und erproben. Dann habt ihr die Tagesdosis an Kapseln. Die mal 7 Tage. Herzlichen Glückwunsch Dir. Martin*

In Bujumbura angekommen, wurden noch 50 Kilogramm Artemisia-annua-Rohstoff für die Pharmakina in Bukavu besorgt und über die Weißen Väter an Herrn Gebbert ausgeliefert, damit er Material für seine zugesagten Versuche hatte. Wir hatten noch unsere E-Mail-Adressen ausgetauscht, und so war ich voller Hoffnung.

Am 11.4.2007 flogen wir sehr zufrieden zurück nach Deutschland. Angesichts des Klimas wurde es höchste Zeit, mit der Aussaat zu beginnen. In Afrika zeigten sich die Sämlinge schon nach drei Tagen, während sie sich hier trotz des lichten Wintergartens acht bis zehn Tage Zeit ließen. Bis zur Ernte des einjährigen Artemisia-annua-Busches im Oktober brauchte es noch einige Pflanzenpflege. Gibt es einen trockenen Sommer, dann darf nicht vergessen werden, die relativ durstige Pflanze ausgiebig zu tränken. Aber unsere Sommer sind verschieden, mal sehr trocken, mal zu nass. Feuchtigkeit und Wärme sind die besten Bedingungen. Darum ist es in Afrika so wichtig, dass Gießwasser für die Trockenzeit in der Nähe ist, sonst blühen die Pflanzen sehr schnell und wachsen nicht mehr.

In Deutschland wurde die Wunderpflanze A3 inzwischen immer bekannter. Nach unserer Rückkehr interessierten sich Printmedien und Fernsehen gleichermaßen für Artemisia annua. Die Forschungsergebnisse bezüglich der Inhaltsstoffe der wiederentdeckten Heilpflanze waren in den letzten Jahren immer mehr an die Öffentlichkeit gedrungen. Man wusste von den Wirkstoffen dieser Pflanze aus dem Garten der Natur oder sogar dem Hausgarten, der auf billige Art und Weise den Menschen zum Heil werden kann.

Wie ich bereits schrieb, wird Artemisia annua, der einjährige Beifuß, seit Jahrtausenden in China unter dem Namen »Qin Hao« als Heilpflanze verwendet. Die Pflanze ist sowohl in Asien als auch in Europa beheimatet und inzwischen auch in Nordamerika eingebürgert. Sie wächst zwei bis drei Meter hoch, hat frischgrüne, kleine Blätter und winzige, cremefarbene Blütenköpfe. Zu medizinischen Zwecken werden die oberirdischen Teile der Pflanze verwendet. Obwohl die heilende Wirkung dieser Pflanze bereits vor 2000 Jahren genutzt wurde, geriet sie für lange Zeit in Vergessenheit. Während des Vietnamkrieges durchforschten chinesische Wissenschaftler im Rahmen der »sozialistischen Bruderhilfe« Jahrtausende alte Medizintexte, um ein Mittel gegen Malaria zu finden. Dabei stießen sie auf das »Handbuch für Notfall-Behandlung« aus dem 4. Jahrhundert n. Chr., in dem der Pflanzenextrakt erstmals als Medizin gegen Malaria beschrieben wird.

Erst 1979 begannen klinische Untersuchungen. 1982 trafen sich chinesische Wissenschaftler mit WHO-Vertretern. Aber erst zwanzig Jahre später wurde der wichtigste Inhaltsstoff der Pflanze – Artemisin – von der Weltgesundheitsorganisation als Mittel gegen die Malaria anerkannt. Anamed-Gruppen setzten sich dafür ein, dass die Pflanze insbesondere in den Malaria-Gebieten angebaut werden kann, damit die Menschen in den Entwicklungsländern unabhängiger werden.

Ich wartete gespannt auf den zugesagten Kapselversuch der Pharmakina aus Bukavu. Auf eine E-Mail-Anfrage bekam ich leider keine Rückmeldung. Da hieß es eben: Selbst ist die Frau. Meine eigene Teebaum-Ernte im Oktober von zwanzig Pflanzen war sehr gut. Im Internet fand ich eine Firma, die Handkapselfüllung anbot, mit Kapseln in verschiedenen Größen. Hier stieß ich nicht nur auf offene Ohren, sondern auch auf offene Herzen. Der Firmeninhaber sah in der Kapsellieferung für mein Experiment eine gute Sache – und stellte mir sein Programm und Handkapselfüller mit je 1000 Kapseln kostenlos zur Verfügung.

Große Freude bei mir und Dr. Hirt, der zu dieser Zeit in Tansania ein Seminar gab, was uns aber nicht daran hinderte, ständig in Verbindung zu bleiben. Friedhelm hatte schon in seinem Mixgerät den trokkenen Tee pulverisiert, das ging wunderbar. Für einen Einsatz in Afrika, wo immer wieder der Strom ausfiel oder gar nicht vorhanden war, konnte so ein Gerät natürlich keine Lösung sein, da musste noch eine Alternative gefunden werden. Ich hatte wohl die Idee, einen Handmörser zu verwenden, mit dem man ja in Afrika seit Urzeiten die getrockneten Maniokwurzeln zu Mehl stampft, um daraus Pattbrei für die Abendmahlzeit zu machen. Auch alle möglichen Handmühlen wurden ausprobiert, aber nie erhielten wir so fein pulverisierten Tee wie mit dem Mixgerät. Mit Briefwaage und Kapselfüller wurde alles ausgerechnet, um die richtige Dosierung des Tees für die verschiedenen Kapselgrößen festzulegen. Die Dosierungen waren in dem Anamed-Arbeitsprogramm bereits seit Jahren mit Erfolg in den Tropen ermittelt und praktiziert worden. Bei der Ermittlung der Kapselmenge für eine Malaria-Kur bekam ich Unterstützung von meiner Apothekerin.

Zwischenzeitlich kamen viele Artemisia-annua-Interessierte, um mit Pflanzen oder Tee das Programm zu testen, für sich selbst oder für Freunde in Afrika, und ich wurde zu Präsentationen, Vorträgen und Seminaren eingeladen.

# Mit Pfarrer Innocent in Nigeria

Im Januar 2008 flog ich mit dem nigerianischen Pfarrer Innocent nach Nigeria – als »Artemisia-Pflanzenfrau«, wie man mich getauft hatte. Der Bischof von Ida und Pfarrer Innocent wollten das Malaria-Programm in ihrem Studenten-Internat einführen, um der Malaria und der chronischen Malaria, die bei den dreihundert Studenten immer wieder zu erheblichem Unterrichtsversäumnis führte, jetzt mit der natürlichen Medizin entgegenwirken. Dazu hatte mich Pfarrer Innocent eingeladen – und ich gab aus voller Überzeugung mein Ja.

Kurz vor der Landung hatte der Kapitän 35 Grad angekündigt, und beim Verlassen des großen Vogels waren wir umhüllt von heißer, schwüler, eigenartig grauer Luft. Ich hatte den Eindruck, dass sich ein Sandregen über das Land ergoss. Innocent als Nigerianer klärte mich auf: In der Trockenzeit von November bis Februar ist das Wetter immer so, es ist die Harmattan-Zeit, die auch Sturmböen mit sich bringt.

Der Flughafen war überschaubar, wir waren die einzige Großmaschine. Ein paar kleine für Inlandflüge standen bereit, in denen ein- und ausgeladen wurde. Die Zollabfertigung ging zügig, kontrolliert wurde bei uns nicht, denn Freunde, die uns abholten, erkannten Pfarrer Innocent sofort. Ein emsiges Treiben von muslimisch gekleideten Frauen und Kindern umgab uns. Wir erfuhren, dass sie alle auf eine Maschine warteten, die die Mekkapilger wieder zurück zu ihren Familien brachte.

Eine vierzig Kilometer lange Autofahrt bis zur Stadt Abuja lag vor uns. Ich war erstaunt über die perfekte Straßenführung mit großzügigen Kreiseln, Unterführungen und architektonisch eindrucksvollen Büros, Banken, Hotels, Stadien, Moscheen, Kirchen und dem Präsidenten-Stadtviertel in Abuja. Trotz der noch vielen Baustellen und der diesigen, grauen Harmattan-Stimmung war ich begeistert.

Die Fahrweise war schon gewöhnungsbedürftig. Hier gilt das Gesetz des Stärkeren, es wird rechts und links überholt, dem ab und zu vorhandenen Mittelstreifen schenkt man keine Beachtung. Nach einer Fahrt durch das Gewimmel von Autos, komfortablen Wagen ebenso wie schrottreifen fahrbaren Untersätzen, die durch Unfälle oder Motorschaden zu Dutzenden am Straßenrand lagen, erreichten wir mit unserem sehr konzentrierten Fahrer sicher unser Ziel, das Bischofshaus, das zurzeit eine einzige große Baustelle war. Für eine Nacht bezogen wir unsere Zimmer, den ersten Stromausfall erlebten wir auch sofort. Die Generatoren dröhnten noch lange auf dieser Baustelle, bis wir nach einem guten Nachtmahl unsere Glieder ausstrecken konnten.

Für den zweiten Tag war die Autoreise nach Idah geplant, 450 km südlich von Abuja. Innocent hatte mich schon auf die beschwerlichen Straßenverhältnisse außerhalb der Stadt vorbereitet, aber solche Situationen waren mir ja von Ost- und Zentral-Afrika her bekannt. Wir starteten um 11.30 Uhr mit dem Freund Emanuel, nachdem Innocent in der Früh seine geschäftlichen Pflichten erledigt hatte.

Die Stadt mit dem großzügigen, gut angelegten Straßennetz (von einer deutschen Firma gebaut bzw. noch im Bau befindlich) lag hinter uns, nachdem wir eine lange Mangoallee passiert hatten. Das Landschaftsbild sah hier schon ganz anders aus: Der Himmel war wieder grau, und die Sonnenstrahlen konnten uns in der staubigen, sandigen Luft nicht erreichen während unserer Fahrt über die einspurige, mit Schlaglöchern durchsetzte Straße. Die Schwüle, die draußen herrschte, wurde im Auto von einer Klimaanlage vertrieben.

In der Dämmerung, kurz vor 19 Uhr, hatten wir unser Ziel in Idah glücklich erreicht. Der mir zugedachte Dolmetscher, Pater Nikolas, der in Deutschland studiert hat und jetzt Econom der Diözese Idah für Entwicklung und Sozialwesen mit einem großen landwirtschaftlichen Rancherbetrieb ist, erwartete uns bereits und hieß uns herzlich willkommen. Um 20 Uhr waren wir beim Bischof zum Essen geladen. Er hat eine besondere Beziehung zu Fulda, und so gab es trotz seiner schon weit fortgeschrittenen Parkinson-Krankheit einen anregenden Gedankenaustausch über die Artemisia-annua-Pflanze.

Um 21.30 Uhr fuhren wir zum Seminar, wo ich in der nächsten Zeit wohnen würde. James, der Direktor, freute sich auf seine Gäste, das sah und spürte man. Innocent, sein Studienfreund, wollte nur für einen Tag im Seminar bleiben, weil noch andere wichtige Termine im Land auf ihn warteten. Ich freute mich auf eine Dusche und ein Bett.

Der erste Tag in Idah begann. Nach dem Schülergottesdienst wurde ich von Innocent vorgestellt, danach wurde das Arbeitsprogramm besprochen und festgelegt. Für den entstehenden Heilkräutergarten mit dem Schwerpunkt der Rohstoffgewinnung aus der Artemisia-annua-Pflanze wurde erst das geeignete Landstück ausgesucht. Der reichlich vorhandene Wasservorrat, den die vielen Brunnen auf dem großen Landbesitz spendeten, erleichterte die Auswahl. Auf die zwei Seminare mit je fünfzehn jungen Studenten hatte ich mich gut vorbereitet. Auch Rancher und Gärtner wurden vom Direktor in das Projekt einbezogen.

Die Anamed-International-Gruppe hatte mich mit Informationsmaterial, Büchern und Schriften in Englisch für die Arbeit bestens versorgt. Dementsprechend war auch das Sondergewicht von 30 kg Reisegepäck, neben dem zusätzlichen Handgepäck von gut 8 kg, bis zum letzten Gramm in Anspruch genommen worden. Dreißig vorgezogene Stecklinge in Schalen, Pflanztabletts, fertig getrocknete Teeblätter und anderes mehr füllten das Handgepäck aus. Bei jedem Stopp auf der Reise war meine erste Sorge das Auspacken des Handgepäcks gewesen, denn die Sämlinge und Stecklinge brauchen immer besondere Zuwendung, Licht, Luft und Wasser nach Bedarf. Das Auspacken und Gießen waren auch am Abend zuvor die ersten Handgriffe gewesen, bevor ich mein eigenes Duschbad nahm.

Die Seminarteilnehmer drängten sich, als Direktor James vor Seminarbeginn seine Auswahl für die ersten schriftlichen Informationen zum Einlesen und zum besserem Verständnis traf. Um 10 Uhr waren sie alle in Arbeitskleidung mit Hacken und Eimern zur Stelle. Mit Kompost wurde das Versuchsfeld kultiviert. Ein Student, der mir sagte, er wolle Arzt werden, hielt das zweite *Seminar-Handbook* von Dr. Hans-Martin Hirt fest in Händen, während die anderen die körperliche Arbeit verrichteten. Es ging alles sehr gut Hand in Hand.

Nach einer kurzen Mittagspause kamen die mitgebrachten Stecklinge in die Erde. Mit dem Biologielehrer überwachten wir die Aktivitäten der jungen Leute. Sehr viel Anweisung benötigen sie nicht mehr. Das Wichtigste war, die Pflanzung in eine Mulde zu setzen, damit das tägliche Wässern in der Trockenzeit die sehr durstigen Pflanzen erreichte. Eine Haube aus Buschresten, die die Jungpflanzen vor zu viel Sonne und auch vor dem Platzregen in der Regenzeit schützen sollte, war der nächste Schritt.

Dann starteten wir ein Experiment: ein abgedecktes Hochbeet mit gesiebter Erde, drumherum ein Wassergraben, dann streuten wir den Hybrid-Samen aus, parallel zur Aussaat in kleine Schalen, Töpfe oder Pflanztabletts, die wir in wassergefüllte Untertöpfe stellten, damit sie sich die Feuchtigkeit je nach Bedarf holen konnten. Die Saattöpfe waren von unten gelöchert.

Nach drei Tagen war zur großen Freude aller schon ein Grünschimmer zu sehen. Das Hochbeet benötigte fünf Tage. Beide Vorgehensweisen holten meine mitgebrachten Sämlinge an Wuchs und Stabilität sehr schnell ein.

Das Einlesen in die mitgebrachten Informationsbücher und die ersten praktischen Arbeiten lagen hinter uns. Das Wochenende nutzte ich zum Kennenlernen des Seminargeländes und seines Umfeldes. In der Großküche gab es für mich viele Denkanstöße. So befand sich zum Beispiel die Feuerstelle außerhalb des überdachten Küchenbereichs, die großen Töpfe waren direkt über der Feuerstelle eingemauert, sodass die Frauen den Qualm und den Ruß nicht in die Augen bekamen, und aus dem Brunnen wurde das Wasser für die Küchen in Stahlbehälter gepumpt.

In der kleinen Dorfgemeinschaft außerhalb des Seminargeländes gab es hautnahe Kontakte mit den Familien. Mit Geschenken in Form von Bananen, Papayas und Cashewfrüchten begleiteten mich die Mamas mit ihren Kleinkindern auf dem Rücken bis zum Seminar. Mit der Dämmerung kam auch der Abschied von der freundlichen Bevölkerung.

Am Montag stand ein umfangreiches Programm auf dem Stundenplan. Ich hatte mir als Vorbereitung auf das Seminar die Artemisia-annua-Präsentation zu Hause auf einen USB-Stick geladen. Mit James, dem Schuldirektor, und Pater Nikolas bereiteten wir die Präsentation für die Seminaristen, Rancher und Gärtner vor. Dazu stand ein Beamer zur Verfügung, der noch nie benutzt worden war. So konnten wir beginnen. Nikolas erklärte nochmals alles in der Landessprache. Fragen wurden zwischendurch und am Ende beantwortet.

Die Fragen zeugten von großem Interesse und Arbeitsgeist. Jeder wollte in den Ferien zwei, drei Pflanzen zu Hause bei der Familie einführen. James erklärte mir, dass, wenn im Internat ein Junge an Malaria erkrankte, er sofort nach Hause gebracht wurde, weil sie keine Behandlungsmöglichkeiten hätten. Die Schlafsäle waren alle mit Moskitonetzen ausgestattet.

Aus meinen mitgebrachten getrockneten Pflanzen wurde genau nach Vorschrift ein Tee zubereitet. Die zweite Variante, den Rohstoff im Mörser zu pulverisieren und dann mit einem Kapselfüller in Gelantinekapseln zu portionieren, wurde ebenfalls praktiziert. Bei beiden Anwendungsarten ging und geht es darum, entsprechend dem Erfahrungswissen von Dr. Hans-Martin Hirt die Ganzheit des Rohstoffs der Artemisia annua zu nutzen, ohne Beifügung fremder Zusatzstoffe. Dazu mussten sich die Studenten sehr diszipliniert an die Vorschriften aus dem *Seminar-Handbook* von Dr. Hirt halten.

Auch in den Pausen und in den lernfreien Zeiten beobachtete ich immer ein emsiges Treiben um den neu angelegten Heilpflanzengarten. Nie vergaßen sie das Wässern, und auch das Vorbereiten von Pflanztüten aus den Abfalltüten war stets in vollem Gange.

Nach vollendeter und zufriedenstellender Arbeit konnte ich noch zwei festliche Begegnungen in der Idah-Diözese miterleben. Die Kasseler Fatima-Gemeinde finanziert ein Schulprojekt in der Diözese, dessen Einweihung von zwölf fertiggestellten Klassenräumen ich miterleben durfte.

Die guten und erfreulichen Nachrichten aus dem Studenten-Seminar in Nigeria, die mich fortan erreichten, stimmten mich sehr zufrieden. Das Programm war an der richtigen Stelle in die richtigen Hände gelegt worden, das bestätigten die Berichte, die ich erhielt.

Das Jahr 2008 hatte einen guten Anfang. Neben allen familiären und freundschaftlichen Verpflichtungen bereitete ich erneut eine Reise nach Burundi vor, indem ich das komplette Programm der Rohstoffverwertung vollendete: Tee zum Aufbrühen, pulverisierter Tee zum Einnehmen mit viel Wasser und pulverisierter Tee in Weichgelatine-Kapseln. Auf meiner Rundreise zu Familie, Freunden und Bekannten konnte ich 1000 Medikamentendosen für die Kapseln direkt ab Fabrik in meinem Auto mitnehmen. Der Anfang war gemacht.

Wieder mit viel Gepäck war die Reise für den 4.6.2008 nach Burundi gebucht – mit dem Vorsatz, ihnen die letzte Starthilfe in Sachen natürlicher Medizin zu geben und einen kleinen Schritt weiter in Richtung Eigenhilfe, Selbstständigkeit und Unabhängigkeit zu ermöglichen.

Doch das Auswärtige Amt warnte erneut vor Reisen nach Burundi. Die Stuttgarter Delegation, die mit mir fliegen wollte, sagte die Reise daraufhin ab. Die trügerische Stille der letzten Monate war ins Wanken geraten. Fast gleichzeitig mit dem Beginn der Versorgungskrise brach ein alter, offener Konflikt zwischen der Armee und der letzten noch aktiven Rebellengruppe FNL (Nationale Befreiungskräfte) neu aus. Ein Friedensabkommen hatte es mit der FNL nie gegeben, lediglich einen Waffenstillstand. Im September vergangenen Jahres jedoch hatte sich die FNL-Führung wieder in den Busch zurückgezogen, in den Kabira-Wald in der Provinz Bubanza nördlich der Hauptstadt Bujumbura, nachdem die Verhandlungen ins Stocken geraten waren. Vom Stocken kam es zum Stillstand und vom Stillstand zuletzt zur bewaffneten Auseinandersetzung. In der Peripherie der Hauptstadt, in den Bergen und den angrenzenden Orten fielen Bomben, Mörsergranaten schlugen ein, Armee und FNL lieferten sich schwere Schussgefechte. Es wurde gleichzeitig von geplanten Attacken in den Städten Bubanza, Kayanza, Gitega und Ngozi berichtet. Zwei große Hauptstraßen, die aus Bujumbura herausführen, wurden gesperrt. Die Bevölkerung lebte wieder in Angst – kehrte der Bürgerkrieg zurück?

Mein Ticket stornierte ich erst mal noch nicht, in der Hoffnung, dass sich die Lage wieder beruhigte. Und so war es auch. Am 4.6.08 ging es auf die vorbereitete Reise, ohne Schwierigkeiten für mich, das Auf und Ab von ruhigen und unruhigen Zeiten in diesem Land hatte ich ja viele Jahre miterlebt. Außerdem war es wichtig, den Kontakt wenn eben möglich aufrecht zu erhalten, damit die afrikanischen Freunde nicht ganz mutlos wurden angesichts der Unstabilität in ihrem Land, unter der einmal mehr am meisten die Kinder zu leiden hatten. Kriegsverkrüppelte, elternlose Straßenkinder fand man zu Hunderten vor allem in der Hauptstadt, so viele an der Zahl, dass die Hilfsorganisationen sie gar nicht alle auffangen konnten. So war auch unser Zachäus-Haus in Gitega mit 130 Behinderten und Waisen überfüllt. Hier mein Bericht aus dem Haus vom 20.6.2008:

Bericht aus dem Zachäus-Haus Burundi
an alle Freunde und Förderer

*Mit dem Tag meiner Ankunft in Burundi war auch die Regenzeit zu Ende. Es ist jetzt warm, schwül und sehr staubig auf den Wegen und Pisten. Es ist Bohnenernte-Zeit, mit großem Einsatz hier im Zentrum. Im Garten werden in abgedeckten Zuchtbeeten in großem Umfang Gemüsepflanzen gezüchtet. Ebenso im großen Umfang für das Naturmedikament Artemisia annua, kurz A3 genannt, sowie Moringa- und Trivosia-Samen. Lemongras als Beet-Abgrenzung. Ich bin sehr erfreut über die gute Resonanz nach der Einführung dieser Wunderpflanze, wie sie mit Recht auch in großen Journalen in Deutschland genannt und als solche bekannt wurde. Nach meinem letzten Seminar im Mutterhaus der Bene-Terezya vor einer versammelten einheimischen Schwesternschaft aus einem großen Einzugsgebiet hat es wohl von ihrer Seite viele erfreuliche Aktivitäten gegeben. Die Schwestern sind hautnah mit der Bevölkerung verbunden. Sie wissen, was Malaria bedeutet. Sie betreuen viele Krankenstationen im Land, unterhalten Schu-*

*len aller Art, hier in Gitega ein Mädchengymnasium mit 700 Schülerinnen im Internat. Viele leiden unter der chronischen Malaria. Die Generaloberin Mutter Ephemi hat eigens für einen Heilkräutergarten ein großes Stück Land bereitgestellt, wo die A3-Pflanzen schon 1.50 Meter erreicht haben. Ein Haus ist gebaut, Wasser und Strom gab es auf dem erworbenen Grundstück, das nur 5 Minuten vom Zachäus-Haus entfernt ist.*

*Es wird vom Zachäus-Haus mit Schwester Candida beim Pflanzen und Ernten betreut. Das städtische Wasser zum Gießen der Pflanzen in der Trockenzeit ist zu teuer, aber wir können an dem Haus 50 Meter Dachrinnen anbringen, die hier 500 Euro kosten. Dank eines großzügigen Spenders aus Crailsheim kann ich die spärliche Kasse für die Rinnen damit unterstützen. Durch Pater Hugo Leinz als Vermittler bekam Candida drei neue Wasser-Großbehälter geschenkt. Zurzeit richten wir das Haus ein, dass der Rohstoff A3 nach dem Trocknen pulverisiert, vor Ort portioniert und verpackt wird. Für das Pulverisieren benötigen wir noch eine Mühle vor Ort, aus hygienischen Gründen. Auch aus diesen Gründen hat die Action medeor für das Abfüllen und Verpacken Einweghandschuhe, Schürzen und Kopfhauben geliefert. 1000 Stück Therapiedosen und Messbecher zum Portionieren, Kapseln mit den dazugehörigen Handkapselfüllern habe ich zum Teil mitgebracht und ein Teil kommt noch mit dem Container der Weißen Väter, wo wir für das Zachäus-Haus zuladen konnten. Auch viel französisches Informationsmaterial von unserer Anamed-Organisation International, Dr. Hans-Martin Hirt, über die korrekte Anwendung des Rohstoffs A3 und vieles mehr für das Gymnasium und andere Gruppen sind im Container.*

*Ich hoffe, allen einen kleinen Einblick in die Aktivitäten zur Förderung der Eigenhilfe im Gesundheitswesen der Bevölkerung hier in Gitega gegeben zu haben.*

*Es grüßt Sie und Euch ganz herzlich, mit Schwester Candida und dem Zachäus-Haus,*

*Ihre Hannelore Klabes*

Durch den Fleiß der behinderten Jugendlichen, die tagelang mit großem Eifer siebten und mörserten, konnten wir im Juli 30 Kilogramm pulverisierten Rohstoff der Artemisia-Pflanze in Gelantinekapseln füllen. Die Medikamenten-Döschen waren mit Etiketten versehen, auf denen in Kirundi und Französisch die genaue Dosierung angegeben war. Denn egal ob das Naturmedikament mit viel Flüssigkeit in Kapselform eingenommen oder für die Kinder unter einen Bananenbrei mit Honig gemischt wird, die richtige Dosierung ist im Krankheitsfall sehr wichtig. Dazu war bereits eine große Aufklärungskampagne in Arbeit.

Die Anwendungen bei Malaria wiesen hohe Erfolgszahlen auf. Eine spezielle Dosierung des Pflanzenrohstoffes, die von Dr. Hirt in den Tropen erprobt worden war, half zusätzlich bei den verschiedensten Beschwerden, und zwar ohne jegliche Nebenwirkungen. In Rumonge am Lake Tanganyika, wo der Direktor der Palmöl-Fabrik, Ingo Vincenz Burrow, seine einhundert Arbeiter und ihre Familien mit dieser natürlichen Medizin versorgte, waren große Erfolge zu verzeichnen, die sich, abgesehen vom gesundheitlichen Aspekt für die Menschen, auch wirtschaftlich bemerkbar machten, denn die Arbeitsausfälle sanken. Und überall da, wo Artemisia annua verabreicht wurde, gingen auch die Unterrichtsfehltage zurück.

Am 4. August stellten wir das ganze Projekt inklusive Informationsmaterial in Französisch mit Tee, Pulver und Kapseln dem Minister Sante vor – und erhielten ein uneingeschränktes Ja zum Anbau der Pflanze. Man unterbreitete uns den Vorschlag, für die Freigabe der Kapseln ein Labor einzubeziehen, und sie wollten nach Gitega kommen, um sich alles direkt vor Ort anzusehen. Auch den Vizepräsidenten, der Mediziner war, kontaktierte ich, und er war begeistert: *Artemisia annua anamed Burundi* sei eine Initiative, die sich zu fördern lohne.

Inzwischen ist viel passiert. Das Labor von der Verena-Stammorganisation, mit dem die *Artemisia annua anamed Burundi* zusammenarbeiten wird, wurde inzwischen gebaut und wird zurzeit eingerichtet.

Der Kampf gegen die Malaria geht weiter. Es gibt noch viel zu tun.

Im Februar 2009 fliege ich wieder nach Burundi. In diesem Monat werde ich 80 Jahre alt – allerhöchste Zeit, endlich in den Ruhestand zu gehen, sollte man meinen. Aber mein Leben wird wohl noch einige Zeit ein Unruhestand im positiven Sinne sein.

Und so muss die Bitte meiner Enkel- und Urenkelkinder: »Oma, erzähl doch mal von früher und wo du überall warst« einstweilen dieses Buch erfüllen.

Hannelore Klabes, im Januar 2009